불균형 사회

불균형 사회

허윤 · 이지훈 지음

한국경제신문

이 책은 2008년 한국 사회를 뒤흔든 광우병 촛불집회
에 대한 필자들의 평가백서로, 관련 자료를 모으고 글
을 쓰기 시작한 것은 광우병 파동의 이듬해인 2009년
부터다.

필자들은 광우병 촛불집회를 우리 사회에 내재해
있던 불균형이 한꺼번에 폭발하면서 대의민주주의 시
스템 전체의 마비를 가져왔던 일대 사건으로 판단하고
있다. 2008년 광우병 파동을 지켜보면서 많은 의문들
이 꼬리를 물었다.

한국 사회에 이 엄청난 파국을 초래한 구조적 요인들
은 무엇일까? 불균형 또는 비대칭의 실체는 무엇인가?

균형으로의 복원력 확보는 어떻게 가능한 것일까? 다음 촛불은 또 무슨 이슈로, 어떻게 타올라 한국 사회를 뒤흔들 것인가? 이러한 문제의식을 가지고 이 책을 썼으며 글을 쓰면서 많은 분들의 도움을 받았다.

안세영 서강대 교수님과 구정모 강원대 교수님 그리고 표인수 변호사님(법무법인 태평양)은 부족한 후배를 학문적으로 그리고 인간적으로 항상 격려해주셨다. 박태호 서울대 교수님과 최병일 이화여대 교수님, 정인교 인하대 교수님, 이재형 고려대 교수님, 김태황 명지대 교수님, 최원목 이화여대 교수님, 정철 대외경제정책연구원 박사님, 안덕근 서울대 교수님은 통상 이슈들을 함께 고민하면서 많은 가르침을 주셨으며 한국을 대표하는 이들 최고의 통상전문가들과의 토론은 항상 유익했고 또 즐거웠다. 그리고 서강대 이홍렬 박사님과 김정숙 박사님은 자료 수집과 집필 과정에 많은 도움을 주셨다.

무엇보다도 부족한 원고의 출간을 흔쾌히 맡아주신 고광철 한경닷컴 사장님과 한경준 한경BP 사장님, 그리고 뛰어난 편집 작업으로 책의 완성도를 높여주신 한경BP 편집진께 감사드린다.

이분들의 보살핌과 헌신의 시간이 없었다면 이 책의 출간은 불가능했을 것이다. 그럼에도 불구하고 이 책의 남은 오류는 전적으로 필자들의 것임을 밝힌다.

우리를 지으신 그분께 모든 영광을 올리며….

2017년 4월
허 윤 · 이지훈

불균형 사회

| 차례 |

1장

기억할 만한
지나침

"그리고 나는 우연히 지금 그를 떠올리게 되었다
밤은 깊고 텅 빈 사무실 창밖으로 눈이 퍼붓는다
나는 그 사내를 어리석은 자라고 생각하지 않는다"
기형도, 〈기억할 만한 지나침〉에서

한국 사회를 뿌리째 뒤흔든 광우병 파동이 끝난 지 9년이 지났다. 그러나 광우병 파동은 끝나지 않았다. 촛불의 광풍은 지나갔지만 촛불을 댕겼던 인화물질들은 우리 사회 곳곳에 아직 그대로 남아 있기 때문이다. 참담했던 그 세 달을 깊이 성찰하고 반성하지 않는다면 제2, 제3의 광우병 파동은 언제든 재발할 수 있다.

광우병 사태는 우발적으로 나타난 일과성 해프닝이 아니었다. 몇 가지의 구조적 불균형 또는 비대칭이 집약돼 나타난 사건이며, 시대 상황의 변화와도 밀접한 관련이 있다. 이 글은 광우병 촛불집회를 구조적으로 이해하려는 노력의 일환이다.

인간의 행복감은 안전과 밀접한 관련이 있다. 에이브러햄 매슬로(Abraham Maslow)의 욕구 5단계 설에 따르면, 1단계의 생리적 욕구에 이어 2단계 원초적 욕구가 안전의 욕구다. 그런데 안전은 균형의 동의어이기도 하다. 인간과 자연 그리고 이들이 제공하는 각종 제도와 자원이 우리의 지성과 감성이 예상하는 대로 움직일 때 인간은 안전하다고 느낀다. 위험이라는 외적 요소에 지성과 감성이라는 내적 요소가 작용해 균형을 이루는 것은 행복을 위한 기초가 된다. 물론 균형은 상대적이면서도 이상적인 상태이며 현실 세계는 거의 대부분 불균형의 상태에 놓여 있다. 상존하는 불균형을 균형 상태에 가깝게 움직이게 하는 자동 제어 시스템을 갖춘 사회가 선진 사회다.

반대로 불균형이 발생했을 때 그 불균형을 오히려

증폭하고 확대 재생산하는 사회는 결코 건강한 사회라 볼 수 없다. 2008년 광우병 촛불집회는 우리 사회의 자동 제어 시스템이 건강한가에 대한 근본적인 의문을 낳았다. 광우병 사태는 균형에 동시다발적인 균열이 생겨 불균형이 거대하게 확대되면서 사회 전체가 일시적으로 폭발한 사건이다. 그리고 그 같은 불균형은 정부의 온갖 수습책에도 불구하고 진정되기는커녕 티핑 포인트를 넘어 수습 불가능한 수준에까지 이르렀다.

광우병 사태를 초래한 불균형 또는 불균형의 구체적 모습인 비대칭은 어떤 것들이고, 그 본질은 무엇인가? 그리고 그것은 새로운 상황에서 언제든지 재발할 수 있는 구조적인 것인가? 비슷한 상황이 발생했을 때 그것을 좀 더 빨리 균형의 상태로 돌릴 수 있는 방안은 무엇인가? 이런 질문들에 대한 대답을 이 책에 담고자 했다.

이 책은 광우병 촛불집회와 관련해 우리가 주목해야 할 비대칭 메커니즘으로 크게 세 가지를 주목한다.

위험에 대한 지각의 비대칭, 이해집단 간 힘의 비대칭, 대외 협상과 대내 협상의 비대칭이 그것이며 각각의 비대칭에 대해 자세히 다뤘다.

그리고 광우병 사태에 대한 심리학, 사회학, 정치학, 경제학 등 다양한 관점에서 통합적 연구를 시도하려 했다. 이 책을 쓰는 동안 헌법재판소는 국회의 탄핵 소추를 인용해 2017년 3월 10일자로 박근혜 대통령을 파면했다. 2008년 5월 미국산 쇠고기 수입을 둘러싼 대규모 반대 촛불집회가 발생한 지 8년 5개월 만에 다시 두 번째 촛불이 타올랐고 그 촛불은 현직 대통령을 탄핵한 것이다. 그 두 번째의 촛불은 이 책의 논의 대상이 아니다. 또한 첫 번째 촛불과 두 번째 촛불의 발생 원인과 전개 과정, 참가 집단 등은 동일하지도 않다.

다만 한 가지 확실한 것은 우리 사회에서 균형을 유지하는 시스템이 건전하게 작동했다면, 수많은 시민이 대의민주주의를 불신하고 광장에 나와 촛불을 들 필요조차 없었을 것이란 점이다. 다음 촛불은 또 무슨 이슈로, 어떻게 타오를까? 이 책은 그런 문제의식에서 씌어졌다. 시대와 상황은 계속 바뀌겠지만, 한국 사회의 불균형 또는 비대칭성을 조정하는 시스템이 마련되지 않는다면 촛불은 또 다른 모습으로 언제든 다시 타오를 것이기 때문이다.[1]

2장

광우병 파동과
세 가지 비대칭

위험에 대한
지각의 비대칭

광우병 사태가 들불처럼 확산된 것은 사람들의 위험에 대한 지각이 비대칭적이라는 점과 밀접한 관련이 있다.

'미국산 쇠고기 수입으로 인간 광우병이 창궐할 것'이란 우려가 광우병 사태를 촉발시켰다. 그러나 대형 매장을 중심으로 미국산 쇠고기의 수입 재개가 본격화된 2008년 12월 이후 이 글을 쓰는 시점까지 8년 5개월이 넘는 기간 동안 인간 광우병 환자는 한 명도 발생하지 않았다. 미국산 쇠고기를 먹고 인간 광우병에 걸릴 확률은 당시 '골프를 치다가 벼락을 맞을 확률'에 비유되기도 했다. 광우병 사태 당시에도 여러 과학자들이 미국산 쇠고기를 먹고 광우병에 걸릴 확률이 극히 미미하다는 것을 과학적 근거를 들어 설명했지만, 여기에 귀 기울이는 사람은 매우 적었다.[2]

이는 위험이나 불확실성이 존재하는 상황에서 인간의 의사 결정이 합리적으로 이뤄지지 않는 데서 기인한다. 이를테면 일반인들은 위험에 대해 생각할 때 정신적 지름길, 즉 휴리스틱(heuristic)을 사용한다. 위험을 머릿속에 쉽게 떠올릴 수 있는 경우 그 사건의 발생 가능성이 합리적 예측보다 높다고 판단하는 것이다. 이른바 '가용성 휴리스틱(availability heuristic)'이다. 사람들이 광우병이나 비행기 폭발 사고처럼 크게 이슈화된 사건은 발생 확률을 과대평가하는 반면, 그렇지 않은 사건(비만이나 자동차 사고)의 발생 확률은 과소평가하는 이유가 여기에 있다. 위험에 대한 지각의 비대칭이란 바로 이 지점을 주목하는 것이다.

'위험은 곧 느낌'

—

이처럼 비합리적인 인간의 판단에 대한 가장 체계적
인 설명 중 하나는 조지 로웬스타인(George Lowenstein)
등[3]이 주장한 '위험은 곧 느낌(risk as feelings)' 가설이
다. 이 가설은 위험이나 불확실성이 존재하는 상황에
서의 의사 결정에서 감정의 중요성을 강조한다. 걱정,
두려움, 공포, 불안 같은 느낌이 의사 결정에 직접적인
영향을 미친다는 것이다.

　기존 이론들의 경우 사람들이 여러 대안들의 가능
한 결과들을 그 바람직한 정도와 개연성 차원에서 평
가하고 확률을 고려해 계산한 뒤에야 결정에 이른다고
가정한다. 또 그 과정에서 촉발될 수 있는 감정은 우발
적이며 의사 결정에 핵심적인 역할을 하지 않는다고

가정한다. 경제학 교과서에서 말하는 합리적 인간, 즉 호모 에코노미쿠스(homo economicus)의 세상인 것이다. 감정의 역할을 좀 더 고려하는 이론들도 있었지만, 여러 대안들을 선택한 결과로 앞으로 생겨날 감정을 미리 예상하고 이를 고려해 인지적 판단을 내린다고 주장한다는 점에서 감정의 역할은 제한적인 수준에 머물렀다.

'위험은 곧 느낌' 가설은 이 같은 이론들을 비판하면서 감정의 직접적 역할을 강조했다. 이 가설은 위험 상황에서의 행동은 인지적 평가와 감정이라는 두 가지의 경로에 의해 이뤄지며 두 경로는 때때로 상충된다고 상정한다. 이 가설은 사람들이 인지적 수준에서 대안들을 평가한다는 점 그리고 그 평가가 감정에 영향을 미친다고 가정한다는 점에선 과거의 이론들과 같다.

그러나 반대로 감정 역시 인지적 평가에 영향을 미친다고 가정한다는 점에서 과거의 이론들과 다르다. 이 가설은 또한 위험에 대한 인지적 평가 과정에는 들어가지 않는 요인들, 즉 예컨대 위험의 현저성(vividness)이나 즉시성(immediacy)에 감정이 영향을 받는다고 상정한다. 여러 대안들의 가능한 결과들과 확률도 감정에 영향을 주는데 인지적 평가 과정과는 다른 방식으로 영향을 준다.

그 결정 요소들이 서로 다르기 때문에 위험에 대한 감정적 반응은 똑같은 위험에 대한 인지적 평가와 괴리될 수 있다. 다시 말해 위험에 대한 지각은 비대칭적인 것이다. 〈그림 2-1〉에 나타난 것처럼 위험 상황에서의 행동은 이 두 가지의, 때때로 상충되는 반응에 의해 결정된다.

광우병 사태를 설명하는 데 '위험은 곧 느낌' 가설의 유용성은 바로 이 부분에 있다. 위험에 대한 사람들의 감정적 반응은 다양한 요소의 영향을 받는데, 그런 요소들은 위험에 대한 인지적 평가 과정에는 전혀 영향을 주지 않거나 아주 미미한 영향밖에 주지 않는 경

〈그림 2-1〉

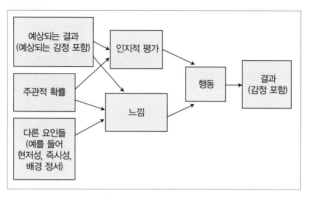

출처: Lowenstein et al.(2001)

우가 많다는 것이다.

인간 광우병 발생 확률이 극도로 낮음에도 많은 사람들이 거의 패닉에 가까운 공포 반응을 보인 이유는 그 '현저성'에 기인한다. 광우병은 파국적이고 치명적이다. 발병하면 매우 높은 치사율을 보인다. 그리고 그 현저성은 MBC 〈PD수첩〉의 보도 등에 의해 증폭됐다.

〈PD수첩〉은 2008년 4월 29일 방영한 '미국산 쇠고기, 과연 광우병에서 안전한가?'에서 퇴행성 뇌질환

증세를 보이다 사망한 미국 여성 아레사 빈슨(Aretha Vinson)을 인간 광우병의 위험성을 보여주는 유력한 사례 중 하나로 거론했었다. 아직 인간 광우병인지 확인되지 않은 상황에서(뒤에 미국 농무부에 의해 인간 광우병이 아닌 것으로 확인), 사망자 어머니와의 인터뷰와 미국 언론 보도 등을 인용해 빈슨이 마치 인간 광우병에 걸렸을 가능성이 높다는 생각을 갖도록 시청자를 유도한 것이다. 동물보호단체인 휴메인 소사이어티(Humane Society)가 동물 학대와 불법 도축을 고발하기 위해 촬영한, 일명 '주저앉은 소' 영상을 내보내면서 '주저앉은 소=광우병 걸린 소'라는 인상을 준 것도 마찬가지다. 〈PD수첩〉은 이 두 가지 내용을 14분 이상 방영했다.

그러나 빈슨의 사인을 '인간 광우병'으로 몰고 간 것은 제작진의 의도적인 오역이었던 것으로 뒤에 밝혀졌다. 또한 휴메인 소사이어티의 동영상에 나온 주저앉은 소는 광우병에 걸린 소가 아니었고 다우너병에 걸린 소였다(뒤에 〈PD수첩〉은 이 부분에 대해 정정보도를 했다). 실제 문제의 동영상 원본에는 '광우병'이라는 단어가 단 한 번도 나오지 않았다.

이같이 의도된 오역과 왜곡은 당시 〈PD수첩〉의 보도 내용 번역을 맡았던 정지민의 증언에 의해 이후 검찰의 기소와 재판 과정에서 드러났으며, 대법원도 허위사실이라고 판시했다.[4]

그러나 대법원은 〈PD수첩〉이 허위사실을 유포했다는 점을 인정하면서도 형사책임은 면제했다. 그 이유로는 첫째, 보도 내용이 정부 정책에 대한 것이고 둘째, 정운천 전 장관에 대한 악의적 공격이 아니라는 점을 들었다. 광우병 보도가 "정부 정책에 관한 여론 형성에 이바지할 수 있는" 성격이 있다는 것이고, 고의적으로 팩트를 왜곡했다고 보기는 어렵다는 것이다.

이 같은 판결은 결국 한국 사회 불균형의 조정 역할을 법에는 기대할 수 없다는 점을 확인시켜준다. 또한 안전 문제에 대한 언론 보도의 부작용을 제어하기 위한 장치가 필요하다는 점도 잘 보여준다. 광우병 사태와 비슷한 안전 이슈가 불거졌을 때 또다시 모종의 과장 및 왜곡 보도가 있을 경우 위험의 현저성이 부각돼 사람들의 감정에 영향을 미칠 것이고, 이는 인지적 평가와는 무관하게 사람들의 극단적 행동을 이끌어낼 수 있기 때문이다.

현저성은 언론 보도와 밀접한 관련이 있다. 대니얼 카너먼(Daniel Kahneman)의 저서 《생각에 관한 생각(Thinking, fast and slow)》에 따르면, 인간은 기억 속의 친숙성을 토대로 특정 사건의 가능성을 판단하려는 성향(뒤에 살펴보겠지만 이를 '가용성 편향'이라 한다)이 있다. 그는 폴 슬로빅(Paul Slovic)의 연구 결과를 인용하는데, 이 연구는 대중의 위험 개념을 조사하기 위해 조사 참가자들에게 당뇨, 천식, 뇌졸중과 사고처럼 죽음의 원인들을 짝지어 생각해보도록 했다. 그 결과 질병으로 인한 사망이 사고로 인한 사망 건수보다 18배 더 많은데도 조사 참가자들은 질병과 사고 사망 건수가 거의 비슷한 것으로 간주했다. 또 벼락을 맞아 죽은 사람이 보틀리누스 식중독에 걸려 죽은 사람보다 무려 52배나 많은데도 사람들은 후자로 인한 사망자 수가 더 많다고 생각했다. 카너먼은 이런 조사 결과가 주는 교훈을 이렇게 요약한다.

"사망 원인의 추정이 언론 보도에 의해 왜곡됐다는 사실이다. 언론 보도 자체가 새롭고 자극적인 것에 편향되어 있다. 보틀리누스 식중독 같은 이례적 사건들은 지나치게 많은 관심을 받으며, 결과적으로 실제 발생 빈도보다 더 많이 일어나는 것처럼 간주된다. (…) 언론을 통해 끊임없이 되풀이되는 끔찍한 이미지들은 모든 사람을 경계감에 빠뜨린다. 나 역시 직접 경험을 통해 깨달았듯이 이럴 때는 이성을 유지하고 완전히 침착한 상태를 유지하기 어렵다."[5]

앞서 설명한 '위험은 곧 느낌' 가설에서 위험에 대

한 두 개의 경로가 갖는 결정적 차이 중 하나는, 위험에 대한 '감정'은 사건의 확률(발생 가능성) 변화에 대체로 영향을 받지 않는 반면, 위험에 대한 '인지적 판단'은 확률을 감안해 이뤄진다는 점이다. 이 점에 있어서도 위험에 대한 지각은 비대칭적인 측면을 가지는 것이다.[6]

예를 들어 다양한 강도의 고통스런 전기 충격이 예상되는 상황에서 걱정의 수준을 조사한 실험에 따르면, 실제로 전기 충격을 받을 확률은 결과에 거의 영향을 미치지 못한다. 전기 충격을 받으리란 생각만으로도 개개인을 자극하기에는 충분하지만 전기 충격을 받게 될 정확한 확률은 자극 수준에 거의 영향을 미치지 못한다. 또한 사람들에게 '테러'로 입을 손실을 보장하는 비행기 탑승자 보험료로 얼마를 지불할지 물어보면, '모든 종류의 손실(물론 테러 손실도 포함돼 있다)'에 대한 탑승자 보험료 지불액을 물어볼 때보다 오히려 액수가 커진다. 테러로 인한 위협을 훨씬 더 마음속에 생생하게 떠올리기 때문이다.

확률과 무관하게 이뤄지는 행동의 또 다른 예는, 확률은 낮지만 극단적인 사건을 과도하게 걱정하는 경향이다. 이를테면 사람들은 과도한 설탕 섭취에 따른 위험은 크게 걱정하지 않으면서 그보다 확률이 현저히 낮은 광우병이나 유전자 변형 식품의 위험은 심각하게 걱정한다. K. 비스쿠시(K. Viscusi)와 W. 마가트 (W. Magat)[7]에 따르면, 사람들은 살충제 살포에 따른 호흡기나 피부 중독의 위험을 10,000분의 15에서 100,000분의 15로 줄이는 것보다 10,000분의 5에서 0으로 감소시키는 것에 훨씬 많은 돈을 지불할 의향을 보인다. 실제로는 전자가 후자보다 위험 수준을 2배나 줄임에도, 사람들은 위험을 0으로 줄이는 데 훨씬 큰 비용을 지불하려 하는 것이다. '확실성 효과 (certainty effect)'라 불리는 이런 경향은 공공 자원 할당의 우선순위를 왜곡함으로써 불필요한 사회적 비용을 초래하기 쉽다. "인간 광우병 때문에 4,500만 명

중 한 명이 죽으면 그 확률은 너무나 미미하다. 하지만 죽은 당사자에게는 확률이 100%다"라고 말한 작가 김홍신[8]의 주장은 확실성 효과의 전형이라 할 수 있다.

일본의 경우 광우병 위험에 대처하기 위해 다른 나라들보다 훨씬 엄격한 규제를 하고 있다. 20개월령 미만인 미국산 쇠고기만 들어올 수 있으며 자국 내에서 도축되는 모든 소의 뇌 일부분을 꺼내 광우병 검사를 하고 있다. 우리나라는 광우병 사태 당시 도축 한우 중 1.4%만 광우병 검사를 하고 있었다.

광우병 사태 때 많은 사람들은 "일본인은 먹지 않는데, 왜 한국인은 먹어야 하는가?"라는 질문을 줄기차게 제기했다. 그러나 사회적 비용 차원에서 과연 일본의 경우가 최선인가에 대해서는 의문의 여지가 있다. 홍성기 등[9]은 "한·미 쇠고기 협상과 관련해 계속 한국이 따라야 할 모범으로 간주되던 일본의 전수 검사는 국민의 건강을 위해서라기보다는 국민을 안심시키기 위해 '과학적 검사의 외양을 띤 의식'이었다"고 주장했다.

　리스크를 제로로 만드는 것은 현실적으로 불가능하다. 또한 기술적 고려를 차치하고라도 리스크 제로를 지향할수록 한계비용이 높아지기 때문에 적절한 허용 가능 리스크 수준을 정립하는 것이 중요하다. 안전이란 리스크가 허용 가능한 수준으로 제어된 상태를 말하지, 제로인 상태를 말하지 않는다.[10] 리스크를 측정 가능한 불확실성으로 본다면 불확실성의 존재 그 자체는 이미 리스크가 제로가 아닌 상황을 의미한다. 리스크는 바람직하지 않은 결과가 발생할 확률과 그 피해 정도로 압축된다.[11]

리스크=피해 중요도×발생 확률

　또한 리스크는 재해 피해 정도와 발생 확률에 따라 네 가지 유형으로 구분할 수 있다. 저빈도 · 저피해(A),

고빈도·저피해(B), 저빈도·고피해(C), 고빈도·고피해(D)가 그것이다. 유의선 등[12]은 광우병이나 유전자 변환식품을 A, 교통사고나 의료사고, 개인정보 유출은 B, 전염병이나 항공기 사고, 방사능 누출은 C에 해당하는 것으로 구분했다. 또한 D에 해당하는 리스크는 거의 없다. 리스크는 또한 피해 대상의 범위에 따라 개인적 피해와 집단 피해로 나눌 수 있다.

광우병은 저빈도·저피해인 A 유형의 개인적 피해에 속해 정부도 이에 맞춰 정책을 폈는데, 일반인의 인식에는 C나 D 유형에 속하는 집단 피해로 받아들여짐으로써 인식의 비대칭이 발생한 것 역시 광우병 사태의 확산에 일조했다고 할 수 있다.

물론 위험에 대한 인간의 반응을 무조건 비합리적이라고 취급하는 것은 옳지 않다. 최근에 수집된 많은 심리학 연구에 따르면 합리적인 사고 체계와 체험적인 사고 체계가 병렬적으로 작용하면서 서로 의존해 어떤 행위를 유발한다. 합리적인 의사 결정을 하려면 두 유형의 사고방식을 적절히 통합해야 하는데 이는 각 체계가 장점, 편향 그리고 한계를 갖고 있기 때문이다.[13] 또한 합리성 여부와 상관없이 두려움은 사람을 고통스럽고 심신을 쇠약하게 만들므로, 정책 결정자들은 대중을 실질적인 위험뿐 아니라 공포(때로는 비합리적일지라도)로부터 보호하기 위해 노력해야 한다.[14]

위험사회론

___

문정환[15]은 니클라스 루만(Niklas Luhmann)의 '위험사회론(Soziologie des Risikos)'을 준거 틀로 인간 광우병 파동의 또 다른 불균형에 주목한다. 루만에 따르면 위험은 어떤 행위나 정책이 실제로 위험한가의 여부가 아니라 그것이 어떻게 관찰되느냐에 따라 다뤄진다. 따라서 위험은 서로 다른 준거 기준을 가진 집단 또는 체계들 간의 인식에 따라 서로 상이하게 구성된다.

이를테면 언론의 준거 체계는 진리/허위의 코드보다 정보/비정보의 코드를 따른다. 〈PD수첩〉을 비롯한 대중매체는 과학에서와 달리 정보가 진리로 주장될 때까지 확인하거나 허위를 배제하려고 하는 철저함보다 특정 정보에 대한 사회적 민감성을 환기시키는 데 또는 독자나 시청자의 반응에 관심을 기울인다. 대중매체는 광범위한 수용자 그룹을 위해 정보의 이해 용이성에 대한 주의를 기울이며, 이 과정에서 선택 장치들을 가동하는데 의외성, 규범 위반, 갈등, 주의 환기 등이 그것이다.

반면 인간 광우병의 위험성에 대해 가장 신뢰를 담보할 수 있는 집단인 학계의 준거 체계는 철저히 진리/허위의 코드를 따른다. 그런데 광우병 촛불집회 발생 당시 인간 광우병 발병 요인에 대한 연구가 종결되지 않았기 때문에 학계는 일치된 목소리를 내지 못했다. 문정환[16]은 "설사 학계에서 그 논의가 종결되었다 하더라도 스스로를 끊임없이 성찰하는 학문 체계의 특성상 또 다른 논란이 진행될 것"이라고 해 학계에서는 어떤 경우에도 일치된 목소리를 낼 수 없다는 한계성을 지적했다. 인간 광우병과 같은 안전 문제에 대해 학계에서 이견이 생기는 것은 그들의 신념 체계와도 관계가 있을 것이다. 즉 어떤 학자는 100% 안전하다는 근거가 없다면 그 위험성을 강조하는 것이 학자의 의무라고 생각하지만, 다른 학자는 99.9% 안전하다면 위험성을 과장하기보다는 오히려 위험이 적다고 강조하는 것이 의무라고 생각할 것이다.[17]

한편 사회운동 그룹의 준거 체계는 불신을 코드화하고 불만이나 저항을 결집해 '안 된다' 형태의 부정적 요구 형식의 소통을 재생산하는 데 있다.

결국 기능적으로 고도로 분화된 현대 사회에서 어떤 통합적 기준은 마련되기 힘들며, 불균형의 상황은 상존할 수밖에 없다. 루만의 '위험사회론'에 근거한 이 같은 해석은 광우병 사태의 증폭 기제를 설명하는 데 유용하지만, 불균형의 상황을 구조적인 것으로 받아들이며 어떻게 균형의 상태로 돌릴 것인지에 대해서는 대안을 제시하지 못한다는 한계가 있다.

가용성 폭포효과
—

앞서 설명한 가용성 휴리스틱은 언론(인터넷 매체와 SNS 포함)을 통한 정보의 생산과 유통에 의해 폭포처럼 증폭된다. 캐스 선스타인(Cass Sunstein)과 티머 쿠란(Timur Kuran)이 창안한 '가용성 폭포(availability cascade)' 개념이 이를 잘 설명한다. 카너먼은 가용성 폭포의 작동 기제를 다음과 같이 풀어서 설명한다.

"가용성 폭포는 사건들의 자기자족적 사슬이다. 비교적 소소한 사건에 대한 언론 보도들에서부터 시작해서 대중의 공포와 정부의 대규모 조치로까지 이어질 수 있는 사슬이다. 언론의 위험 보도가 대중의 관심을 사서 그로 인해 대중이 흥분하고 걱정에 사로잡히면, 이러한 감정적 반응이 그 자체로 다시 이야깃거리가 되면서 추가적인 언론 보도의 소재가 되고, 그 결과 더 큰 걱정과 관심이 생긴다. 걱정스런 소식들을 지속적으로 흘려보내려는 개인 또는 조직들 때문에 의도적으로 가속도가 붙기도 한다. 이때 언론이 사람들의 이목을 집중시키려는 기삿거리들을 얻기 위해서 경쟁하다가 위험도가 점점 더 과장된다. 이처럼 점점 더 커지는 위험과 공포심을 낮추려고 노력하는 과학자들은 별로 주목받지 못한다. 위험이 과장됐다고 주장하는 사람은 누구나 뭔가를 '악랄하게 은폐'하려는 사람으로 의심받게 된다. 이제 이 문제가 모든 사람의 머릿속에 들어 있기 때문에 정치적으로도 중요해지며, 정치 시스템의 반응은 대중의 감정적 강도에 따라 달라진다. 그러면 가용성 폭포가 우선순위를 다시 결정한다."[18]

이 같은 설명은 광우병 사태의 전개와 매우 닮아 있

다. 광우병 사태의 시발은 2003년 12월 광우병 청정국으로 알려졌던, 그리고 국내 수입산 쇠고기의 절반 이상을 차지하고 소비량의 40% 이상을 수출하던 미국에서 광우병 소가 발견됐다는 소식이었다. 한국과 일본을 비롯한 여러 정부는 미국산 쇠고기의 수입을 즉각 중지시켰다. 정부는 또 이미 수입된 쇠고기에 대한 통관을 보류시켰으며 유통 중이던 척추 뼈와 내장의 판매도 금지했다. 척추 뼈나 내장이 광우병을 일으키는 '소해면상뇌증 병원체'가 축적되기 쉬운, 이른바 '특정 위험 부위'란 이유에서였다. 이때부터 '미국산 쇠고기는 위험할 수 있다. 적어도 안전하지 않다. 특히 뼈와 내장은 더욱 그러하다'는 인식이 자리 잡기 시작한 것으로 추론된다. 그러나 미국에서 발견한 광우병 소가 캐나다에서 수입한 소에서 발병했다는 것이 밝혀지면서 사태는 진정 국면으로 진입했다.

물론 그 뒤에도 광우병 이슈가 불거지지 않은 것은 아니었다. 일본에서 인간 광우병 환자가 사망하고(2005

년 2월), 미국이 한국의 FTA 협상 제의에 비공식적으로 4개의 선결 조건을 내세우면서 그중 미국산 쇠고기 수입 확대 문제를 포함시키고(2005년 10월), 일본에서 수입한 미국산 쇠고기에서 등뼈가 발견돼 일본 정부가 수입을 전면 중단하고(2006년 1월), 수입 재개된 미국산 쇠고기에서 7차례에 걸쳐 뼈가 발견되는 등(2006년 11월~2007년 10월) 광우병 문제는 계속 이슈화됐다. 언론에서도 관심을 보였다.

그러나 이때만 해도 앞서의 카너먼의 표현을 빌리자면 "비교적 소소한 사건에 대한 언론 보도들" 수준에 머물렀다.

2008년 4월 19일 이명박 정부가 미국과 쇠고기 협정을 맺고, 정확히 10일 뒤 앞서 언급한 MBC 〈PD수첩〉 보도가 나가면서 상황은 큰 전환점을 맞는다. "언론의 위험 보도가 대중의 관심을 사서 그로 인해 대중이 흥분하고 걱정에" 사로잡히기 시작했다. 인터넷을 떠돌던 괴담은 방송이 부여한 확고한 진리의 권위를

빌려 100일 동안의 혼란에 결정적 동력이 되었다.[19]

이 보도는 당연히 "대중의 관심을 사서 그로 인해 대중이 흥분하고 걱정에" 사로잡히게 했으며, "이러한 감정적 반응이 그 자체로 다시 이야깃거리가 되면서 추가적인 언론 보도의 소재가" 되었다. 김경모[20]에 따르면, 2008년 4월 1일부터 7월 2일까지 지상파 3사의 저녁 메인 뉴스에서 미국산 쇠고기 수입 논란이나 촛불집회를 다룬 1,025건의 기사 중 촛불집회 참여 시민을 취재원으로 한 기사가 159건인 반면, 촛불집회 반대 시민을 취재원으로 한 기사는 3건에 그쳤다. 또 전체 분석 대상의 76%에 이르는 766건의 기사는 촛불집회의 해결 방안에 대해 언급조차 하지 않았다. 이 같은 사실은 보도의 초점이 대중의 감정적 반응에 있었음을 잘 보여준다. 그리고 이러한 보도의 결과로 우리에게는 "더 큰 걱정과 관심이" 생겨났다.

한편 미국산 쇠고기 수입 반대 그룹이 결집한 인터넷 홈페이지 '광우병 국민대책회의'와 아고라, 오마이

뉴스, 아프리카, 라디오21을 비롯한 인터넷 매체들은 "걱정스런 소식들을 지속적으로" 흘려보냈고, 이 때문에 걱정과 관심에는 가속도가 붙었다. 이때 "언론이 사람들의 이목을 집중시키려는 기삿거리들을 얻기 위해서 경쟁하다가 위험도가 점점 더 과장"되었다. 촛불집회 진압을 둘러싸고 여고생 사망설, 물대포 실명설, 백골단 재등장설이 인터넷을 통해 확산된 것이 그 예다. 공식 언론은 아니었지만 당시 아고라를 비롯한 인터넷 매체에서 개인의 의견이 일종의 독립 대안 언론 역할을 한 점을 감안한다면, 카너먼의 표현과의 유사성은 계속 유지된다.

집단 극화 현상

———

홍성기 등[21]은 앞서 설명한 인식의 문제를 '체감위험론'이라 정의하고 그것이 국민들의 공포감을 직관적으로 설득력 있게 설명할 수 있다고 하면서도, 광우병 사태의 주원인을 여기서 찾는 것은 여러 한계를 노출한다고 주장했다. 즉 개인적, 주관적으로 인식된 위험이 어떻게 촛불집회처럼 대규모 집단행동으로 표출될 수 있는지에 대해서 체감위험론은 충분한 설명이 되지 못한다는 것이다.

그러나 체감위험론은 집단행동을 설명하는 데도 여전히 유용한 부분이 있다. 이를테면 정보와 평판의 '폭포효과'도 그중 하나다. 정보의 폭포효과란 자기 주변의 여러 사람이 어떤 정보를 믿는다면, "어떻게 그들 모두가 틀릴 수 있겠어?"라면서 스스로도 그 정보를 받아들이는 경향을 말한다. 이런 상황은 애초에 그 정보(예컨대 모종의 음모론)를 제시한 사람이 아무런 근거 없이 넘겨짚었을 뿐이라 해도 충분히 벌어질 수 있다. 또 평판의 폭포효과란 다른 사람들의 비위를 맞추기 위해서나 따돌림을 당하지 않기 위해 다른 사람의 음모론을 믿는 척하거나 적어도 자신의 의구심을 드러내지 않으려 하는 경향을 말한다.

이러한 정보와 평판의 폭포효과는 '집단 극화(group polarization)'라는 현상을 통해 더욱 증폭된다. 비슷한 신념을 공유하는 집단의 구성원들이 어떤 문제를 논의하게 되면 논의가 시작되기 전 그들의 성향과 같은 방향으로 더욱 극단화된 입장을 공유하게 되는 현상을 말한다. 예를 들어 각각 진보 성향과 보수 성향의 사람들로만 구성된 두 집단 참가자들에게 기후 변화, 소수 인종 우대 정책, 동성 결혼 합법화의 세 주제에 대해 논의하도록 한 결과 두 집단 모두 세 가지 주제 모두에 대해 집단 내 논의를 마친 뒤 더욱 일치되고 극단적인 입장을 보였다. 참가자들에게 자신의 생각을 익명으로 밝히게 한 경우에도 마찬가지였다.[22]

정보와 평판의 폭포효과와 집단 극화는 처음엔 한갓 나비의 날갯짓에 불과했던 광우병 문제가 촛불집회라는 거대한 쓰나미로 변한 과정을 잘 설명해준다. 다음 아고라를 비롯한 인터넷 공간은 정보와 평판의 폭파효과를 통해 광우병 음모론을 확산시키는 한편, 집단 극화를 통해 극단적인 생각을 더욱 강화하는 기제로 작용했다. 집단 극화 현상은 동일한 정체성을 공유하고 강한 연대감으로 뭉친 집단에서 두드러진다. 광우병 촛불집회의 대표적 집단은 '광우병 국민대책회의'[23]였고 집회의 촉발은 '2MB 탄핵투쟁연대'가 맡았다. '2MB'는 당시 대통령이었던 이명박을 지칭하는 은어로 사용되었는데 대통령의 메모리 용량이 2메가바이트밖에 되지 않는다는 이중적 의미를 내포하고 있었다.

인터넷과 폭포 휴리스틱

광우병 사태에서 인터넷과 SNS의 영향은 결정적이었다. 무엇보다 그것은 가용성 폭포 휴리스틱을 강화하는 기제로 작용했다.

광우병 촛불집회는 시위의 시작과 과정, 반대와 찬성의 양상 등에 있어서 인터넷이라는 매체가 결정적인 역할을 한, 세계적으로 전례가 드문 사건으로 판단된다. 광우병에 대한 국민의 불안이 시위라는 집단행동으로 처음 불붙은 날은 2008년 5월 2일이었다. 그리고 그 시위를 주도한 세력은 이미 언급한 바와 같이 다음 카페에 자리 잡고 있던 '2MB 탄핵투쟁연대'[24]였다. 이들은 시위 참여 인원을 100명 정도로 예상했는데 막상 당일에 1만 5천 명이 광화문 주변에 몰리자 몹시 놀랐던 것으로 알려졌다. 예상 밖의 큰 성공에 고무된 이들은 첫 촛불집회 후 불과 며칠 만에 대규모로 조직된 광우병 국민대책회의로 시위의 주도권을 넘겼다. 2MB 탄핵투쟁연대는 또한 네이버에 '이명박 탄핵을 위한 네이버 탈환 카페'[25]를, 그리고 싸이월드에 '안티이명박 클럽'[26]을 만들어 지점으로 명하고 활동했다. 이후 조·중·동(조선일보, 중앙일보, 동아일보)에 광고를 내는 기업들에 대한 불매운동을 전개했으며, 2008년 12월

31일 이명박 정부 퇴진을 위한 대규모 촛불집회를 주도했다.

인터넷이 촛불집회 참가자에 미친 영향력은 촛불집회 주도세력이 2MB 탄핵투쟁연대에서 광우병 국민대책회의로 바뀌면서 더욱 강화되었다. 이현우[27]에 따르면 촛불집회가 계속되면서 인터넷의 역할은 커져만 갔다. 이 같은 현상은 인터넷이 가지는 몇 가지 특성에 기인한다고 볼 수 있다.

첫째, 인터넷은 기술 특성상 정보를 급속하게 확산시킨다. 인터넷을 통해 유통된 뉴스는 다시 이 뉴스를 접한 이들로 하여금 문제의 뉴스를 재생 가능하게 한다. 간편하게 복사해 다른 게시판에 실을 수 있으므로 확산의 속도가 매우 빠르다. 이러한 과정을 통해 인터넷은 다중을 토론의 장으로 끌어들이게 된다.

둘째, 인터넷은 결집의 도구로 쓰인다. 시간과 장소에 구애받지 않고 사용할 수 있는 인터넷 특성상 같은 생각을 가지고 있는 사람들과의 모임을 쉽게 형성할 수 있다. 토론방 회원들이 모임을 주도하고 다중에게 이를 공지하는 형식을 취함으로써 인터넷은 오프라인 상의 대규모 모임까지 가능하게 한다. 또한 모임을 인터넷을 통해 생중계함으로써 불참자에게 현장의 모습을 생생하게 전달해 전통 언론의 한계점을 보완하기도 한다.

셋째, 익명성의 보장으로 인해 불확실한 정보의 생성과 확대가 조장되는 측면이 존재한다. 의견을 게재할 때 많은 경우 신분을 공개하지 않음으로써 인터넷상의 행위에 대한 책임이 약화된다. 따라서 경우에 따라 인터넷이 '가짜뉴스(fake news)'나 소수의 주관적 의견들을 다중을 대상으로 확산시킬 수 있는 공간을 제공하게 된다.

넷째, 인터넷은 전문가와 비전문가의 영역을 허물고 있다. 정보의 생산자가 소비자와 직접 소통하게 함으로써 쌍방향 공론의 장을 제공하고 있는 셈이다. 이는 정보의 소비자가 동시에 생산자가 될 수 있다는 장점으로도 해석될 수 있지만, 허위 과장 정보에 대한 검증이 온라인상으로 어렵다는 단점 또한 내포하고 있다.

인터넷의 급속하고 광범위한 보급은 광우병 파동을 맞아 정보와 평판의 폭포효과를 가속화시키면서 우리 사회 집단 극화 현상을 부추겼다. 그 결과 가용성 휴리스틱은 그 생성 기제가 강화되는 양상을 띠게 되었다.

왜 여중생이었나?

광우병 사태로 촉발된 촛불집회는 시작도 그러했고, 유모차 부대로 대변되는 바와 같이 여성의 참여가 많았다. 특히 여중생의 적극적인 참여가 두드러졌다. 왜 여성이고, 여중생이었을까? 이에 대해 홍성기 등[28]은 "모성과 식탁의 주재자로서 여성들이 광우병 위험 쇠고기에 관심이 많았기 때문"이라는 설명과 함께 "여중생이 그 어느 세대나 집단보다 감수성이 예민하기 때문"이라고 분석했다. 그러나 어디까지나 추측일 뿐 과학적인 근거는 제시하지 않았다.

심리학적으로 보면 여성과 여중생의 적극적 참여는 위험 지각에 대한 성별 차이로 일부 설명이 가능하다. 많은 연구에 따르면 일반적으로 같은 문화권 내에서 남자들은 여자들보다 위험물들을 덜 위험하게 지각한다.[29] 이 같은 차이는 물리적이고 생명을 위협하는 위험들의 경우 더욱 현저하게 나타난다.[30] 이는 여성이 남성에 비해 어떤 현상을 더 많이 그리고 더 잘 형상화할 수 있고, 감정을 더 강렬하게 경험한다는 점과 관련이 있다. 여성의 경우 앞서 설명한 '현저성'의 영향을 더욱 강하게 받을 수 있다는 것이다. 이를테면 남성과 여성에게 자신의 가장 슬픈 기억을 연상해보라고 하자 여성의 뇌 활동이 남성보다 현저하게 활발해졌다.[31]

음모론의 관점

—

앞서 살펴본 것처럼 인간의 위험에 대한 인식 체계는 여러 가지 문제가 있고, 그로 인해 불균형과 비대칭의 상황을 더욱 악화시키는 경향이 있다. 음모론자들은 이 같은 인식의 특징을 이용한다. 선스타인[32]의 표현을 빌리자면 "제 잇속만 차리는 민간 집단이나 정치 행동가들은 이런 인식의 특징을 활용해, 특히 가용성 휴리스틱과 확률 무시를 이용해 잘못된 두려움을 조장하려고 애쓴다". 광우병 사태의 경우에도 그 같은 세력의 개입이 있었음을 완전히 부정하기는 힘들다.

촛불집회는 처음엔 미국산 쇠고기 수입 재개에 대한 불만에서 시작됐지만, 그것만이 시위의 원인은 아니었다. 서강대 현대정치연구소가 2008년 7월 17일 촛불 현장의 시민 820명을 상대로 설문조사를 벌인 결과 '미국산 쇠고기 재협상을 관철시키기 위해 참여했다'는 응답은 20.4%에 그쳤고, '이명박 대통령의 다른 정책도 저지하기 위해서'(27.7%)라거나 '정부와 대통령에 대한 분노를 표현하기 위해서'(27.4%)란 답변이 과반을 훌쩍 넘었다. 그럼에도 집회의 초점은 미국산 쇠고기 수입과 광우병 문제에 맞춰졌고, 이는 광우병 이슈의 '현저성'을 활용해 다른 여러 이슈에서 대중의 폭넓은 지지를 얻기 위한 것이었음을 시사하고 있다.

음모론을 비판하는 사람들은 우리 사회 특정 그룹이 광우병의 위험이라는 인화성 큰 사회적 이슈를 과대포장해 다른 이슈를 함께 관철시키기 위한 정치적 레버리지로 이를 활용하는 바로 그 지점에 주목한다. 반면 음모론은 여전히 많은 사람에게 설득력 있게 들리는데, "음모론이 분노와 원망의 적절한 배출구를 제공하거나, 그들의 뿌리 깊은 다른 신념과 합치되거나, 어떤 측면에서 공백을 채워주기 때문일 것"이라는 선스타인[33]의 말은 이런 상황을 적시하고 있다.

촛불집회가 대의민주주의의 문제를 보완하는 새로운 민주화 운동의 시도라는 긍정적 평가 또한 적지 않다. 그 같은 주장에 대한 찬반을 별개로 하더라도, 그런 집회가 가용성 폭포 현상의 장이 되거나 또는 의도적으로 가용성 폭포를 증폭시킴으로써 잘못된 두려움을 조장하려는 행위들은 경계해야 할 것이다.

이해집단 간
힘의 비대칭

지금까지 위험에 대한 인간 지각의 비대칭성을 중심으로 광우병 촛불집회에 대해 분석해봤다. 많은 행동경제학(behavioral economics)이 지적하듯이 인간이 항상 합리적이지는 않다. 그리고 인간의 인식과 행위 뒤에는 그 의사 결정을 가능케 하는 사회 권력이 자리 잡고 있다. 이제 광우병 파동을 둘러싼 정치경제학, 즉 이해집단 간 힘의 비대칭성을 중심으로 사태 발생의 원인과 그 전개 과정을 분석해보자.

이해집단 간 힘의 비대칭성이란 무엇인가? 이 문제에 대답하기에 앞서 먼저 미국산 쇠고기 수입으로 가장 득을 보는 집단이 누구일까 생각해보자. 그것은 값싼 쇠고기를 사먹을 수 있게 된 소비자들일 것이다. 그러나 광우병 사태와 촛불 정국에서 쇠고기 소비자의 이해를 대변하는 목소리는 거의 들리지 않았다. 소비자의 힘이 과소 반영된 비대칭의 상황이었다고 볼 수 있다. 이런 상황이 발생하는 것은 앞서 분석한 심리학적 기제 외에도 통상 협상의 정치경제학적 특성에 기인한다.

소비자의 침묵

국내 시장을 개방해야 하는 무역 자유화는 대체로 인기 없는 정책일 수밖에 없다. 이익을 보는 다수 집단은 침묵하고 피해를 보는 소수 집단의 목소리만 드높기 때문이다. 소비자는 개방으로 값싼 수입 상품을 살 수 있어 이득을 보지만 그 이득이 크지 않기에 조용히 있고, 수출 기업은 이익을 본다고 떠들다가 역풍을 맞을까봐 침묵한다. 결국 조직화된 피해 집단의 목소리가 과도하게 여론으로 포장되는 비대칭성의 문제가 생기게 된다.

한국에서 무역 자유화에 대한 반대는 일반적으로 수입 상품으로 피해를 보는 수입 대체 산업 분야의 이해집단들로부터 제기됐다. 농민단체, 가금류협회, 노동조합이 그것이다. 이런 이해집단은 지원 집단들을 조직해 대중 선전 활동을 효과적으로 전개한다. 반면 무역 자유화로 이득을 보는 수출 지향적 집단들, 즉 가령 수출 대기업 단체 등은 정부의 무역 개방 노력에 무임승차하며 침묵하는 경향이 있다. 또한 일반 대중이나 소비자단체, NGO들도 광우병처럼 무역 이슈가 공공 보건과 관련되는 경우에는 수입 자유화에 찬성하는 대신 수입 대체 집단의 편에 서서 정부가 무역 자유화

계획을 완화하라는 압력을 넣는 경우가 많다.

최원목[34]은 한국산 쇠고기가 수출되지 않아 쇠고기 관련 수출 지향적 집단이 아예 존재하지 않았다는 점이 이해집단 간 힘의 비대칭 문제를 더욱 심화시켰다고 분석했다. 이 때문에 쇠고기 시장 재개방 문제는 전적으로 위생 이슈로만 다뤄졌고, FTA 어젠다의 틀 밖에서 협상이 이뤄졌다는 주장이다. 일반적으로 FTA 이슈의 경우 수입 개방에 반대하는 수입 대체 집단의 목소리가 개방을 지지하는 수출 지향적 집단의 목소리와 균형을 이뤘던 반면, 쇠고기 시장 재개방 문제의 경우엔 힘의 균형을 잡아줄 대항 집단이 없었다는 것이다. 하지만 개방에 대한 의사 표시에 소극적인 우리나라 수출 집단의 특성을 고려한다면 설령 이들이 존재했다고 해도 상황은 크게 달라지지 않았을 것으로 보인다.

그렇다면 쇠고기 시장 개방의 가장 큰 수혜자인 쇠고기 소비자는 어디로 간 것일까? 그들이 침묵했던 이유는 정보경제이론(economic theory of information)으로 설명할 수 있다. 이 이론에 따르면 사람들은 돈을 벌 때는 어느 한 분야에서 벌지만, 돈을 쓸 때는 여러 곳에 소비한다. 따라서 돈을 버는 분야가 돈을 쓰는 여러 분야 중 하나보다 훨씬 더 중요하다. 그러므로 사람들은 소득 수취자로서 자신의 정치적 영향력을 높이는 정보를 획득하는 데는 많은 투자를 하는 반면, 소득 지출자로서의 정치적 영향력을 높이는 정보를 획득하는 데는 별로 투자를 하지 않으려 한다. 그 결과 소비자보다는 생산자들이 통상 정책에 더 큰 영향을 행사하게 된다.

한 예로 생산자가 2명, 소비자가 100명인 총인구 102명의 나라를 가정해보자. 정부가 쌀 시장 개방을 함으로써 얻게 될 소비자들의 이익은 3,600만 원인 반면 유사한 품질의 미국산 쌀이 수입되어 한국 농민들이 입게 될 손실(비경제적인 것도 포함)은 2,400만 원으로 예측되는 상황이다. 소비자들은 쌀 가격 인하로 한 해

1인당 약 36만 원, 즉 한 달에 3만 원의 이익을 보게 되지만 농민들은 한 해 1인당 1,200만 원, 매월 100만 원에 이르는 큰 손실을 입게 된다. 국가 전체로 볼 때 개방의 순이익(전체 이익-전체 손실)이 1,200만 원이라 정부는 쌀 시장을 개방할지 모른다. 이때 소비자는 월 3만 원의 이익을 관철시키기 위해 필요한 정보를 수집하고 단체행동에 나서진 않을 것이다. 왜냐하면 이 같은 행위 때문에 발생할 기회비용을 포함한 거래비용이 원하는 정책의 집행으로 인해 생길 이익보다 더 크기 때문이다. 즉 회사나 가정을 비우고 또는 맡은 일을 등한시하면서까지 신경을 써야 할 만큼 이 일이 중요하다고는 생각하지 않는다. 하지만 농민은 입장이 다르다. 월 100만 원이라는 소득이 날아갈지도 모를, 사활이 걸린 중요한 문제다. 농민은 지역 국회의원과 농림부 관계자들을 만나 강력하게 항의할 것이고 서울로 올라와 데모에 돌입할지도 모른다. 농민단체와 연대를 맺고 있는 많은 시민사회단체, 노동조합, 언론 등에 지원을 요청할 것이다. 결국 소비자의 목소리는 들리지 않고 생산자의 항의 목소리와 시위만 거리와 언론 지면에 가득하게 될 것이다.

한편 사람들은 어떤 제품이나 행동이 위험하다고 생각하면 거기에서 얻는 편익 역시 낮다고 생각하는 경향이 있다.[35] 화력발전소는 많은 오염 물질을 배출하지만 다른 한편으로 값싼 에너지를 생산하는데, 사람들은 전자의 부작용만 생각한다는 것이다. 이 관점에서 광우병 사태를 본다면 대중은 미국산 쇠고기 수입이 위험하다고 생각함으로써 값싼 쇠고기 수입으로 인한 편익을 과소평가했다고 할 수 있다. 소비자단체 또한 광우병의 위험에만 큰 관심을 둔 나머지 가격 인하 효과에 대한 긍정적 요인은 철저히 배제한 채 미국산 쇠고기 수입 반대 진영에 동참했다. 이러한 현상은 위험의 경우 부각돼 눈에 잘 띄는 반면, 편익은 배후에 숨어 있어 사람들이 복잡한 트레이드오프를 제대로 파악하지 못하는 데 기인한다.

이때 또 하나 작용하는 역학이 '손실 회피'다. 사람들은 대체로 예상되는 이익을 바람직하게 여기는 정도보다 예상되는 손실을 바람직하지 않게 여기는 정도가 더 크다는 것이다. 한 실험을 살펴보자. 어느 반의 대학생들 절반에게 그 대학 심벌이 찍힌 머그잔을 나눠줬다. 머그잔을 못 받은 학생들에게는 옆 학생이 가진 머그잔을 살펴보라고 요구했다. 그런 다음 머그잔을 가진 학생들은 머그잔을 팔고, 머그잔이 없는 학생들은 머그잔을 사라고 지시했다. 그리고 질문에 답하게 했다. "다음 중 어떤 가격에 기꺼이 머그잔을 구매할 (또는 판매할) 것인가?" 그 결과 머그잔을 가진 학생은 머그잔이 없는 학생들이 기꺼이 지불하고자 하는 가격의 두 배를 받길 원하는 것으로 나타났다. 똑같은 실험을 수십 번 실시했지만 결과는 거의 같았다.[36] 사람들은 무언가를 포기해야 할 경우 동일한 것을 얻었을 때 느끼는 기쁨보다 두 배로 큰 상실감을 느낀다. 비슷한 이유로 뭔가 새로운 위험 요인이 추가되면 사람들은 그 위험 자체에만 신경을 쓸 뿐 그에 수반되는 효익에는 신경을 쓰지 않는다.

소비자의 침묵은 한국에서만 관찰할 수 있는 특별한 현상이 아니다. 많은 나라에서 정부는 이해집단 간 이익의 균형을 취하려고 노력하는 경향이 강하다. 예를 들어 수입 대체 산업과 노조들의 이익은 다국적 기업이나 수출 업체들의 이익과 충돌하기 쉽다. 소비자 후생의 증가는 각국 정부가 자유무역을 추구하는 원인이자 그 결과이기도 하지만, 실제 무역자유화 정책을 도입할 때는 정치적인 이유로 소비자들이 무시되는 경우도 많다. 생산자에 비해 제대로 조직화되지도 않았고 정치적으로도 무력한 소비자들은 특정한 정책의 도입 또는 폐기에 대해 뚜렷한 선호관계를 투표로 드러내지 않으며, 따라서 국회의원이나 정부도 소비자의 후생 변화를 크게 신경 쓰지 않는 경우가 종종 발생한다. 특히 선거철이 다가오면 정치인들은 생산자 집단의 대변인으로 변신하기도 한다. 소비자들의 이익 또

는 손실이 득표로 연결되지 않는 반면 생산자들의 표
는 조직적으로 관리되고 행사되기 때문이다.

미국의 설탕산업이 그 좋은 예다. 미의회 예산처의
2013년 연구에 따르면 미국 정부가 설탕 수입을 제한
함으로써 미국 소비자들이 추가적으로 지불해야 하는
비용은 약 30억 불(약 3조 3천억 원)이 넘는다. 미국 내
설탕 가격이 치솟아 국제 가격의 두 배에 거래되기 때
문이다. 그 결과 소비자들은 1인당 연 10달러, 월 1천
원 정도를 추가 부담하게 되었지만 아무도 관심이 없
다. 반면 미국 설탕의 절반 이상은 17개 사탕수수 농장
에서 생산된다. 이들은 미국 설탕연합(The American
Sugar Alliance)이라는 단체를 만들어 정부와 의회를 상
대로 한 해에만 3백만 달러(약 33억 원, 2013년 기준) 이상
을 로비 비용으로 지출하고 있다. 설탕 수입을 자유화
하면 미국 사탕수수 농장에서 많은 일자리가 사라질
것이라고 주장하지만 일자리 한 개를 지키기 위해 미
국 사회는 매년 약 3백만 달러를 지불하고 있는 셈이

다. 아울러 미국 내 설탕을 원료로 만드는 각종 캔디나 과자 회사들이 설탕 가격이 싼 캐나다로 공장을 이전하는 바람에 전체적으로는 미국 내 일자리가 감소하는 현상이 발생했다.[37]

도널드 트럼프(Donald Trump) 대통령 등장 이후 미국 정부는 자국 다국적 기업의 해외 수출보다도 수입 대체 산업과 노조의 이익에 더 큰 비중을 두고 보호무역주의적 조치들을 취하고 있다. 멕시코나 중국과 무역 마찰을 빚게 되면 손해는 미국의 소비자가 보게 될 것이 자명하지만, 전통 제조업과 러스트 벨트 백인 근로자에 정치적 기반을 둔 트럼프의 경우 자국 소비자의 후생 변화에 대한 깊은 배려는 찾아보기 어렵다.

생산자의 연대

—

앞서 말한 것처럼 광우병 사태 때 값싼 미국산 쇠고기

의 수입 재개로 장바구니 부담을 줄일 수 있었던 소비자들은 철저히 침묵한 반면, 축산 농가를 중심으로 한 농민들은 진보 성향의 시민사회단체들과 언론 및 인터넷 방송의 적극적인 지원을 받으면서 반대 시위를 이어나갔다.

우리는 이들 사회단체들이 축산 농가의 생존 문제를 정치 어젠다로 인식하고 단체행동을 개시함에 따라 '집단 극화'라는 사회적 현상을 배태시킬 수 있는 권력 구조에 주목하고 있다. 즉 우리도 광우병에 바로 걸릴지 모른다는 '현저성'과 '즉시성'을 활용해 여타의 사회적 논의를 중단시킬 수도 있는 힘의 원천과 행사 기제에 분석의 초점을 모으고 있다. '비슷한 신념을 공유하는 집단의 구성원들이 광우병 위험을 계기로 같은 방향으로 더욱 극단화된 입장을 서로 공유'하게 되고 이는 다시 언론의 폭포효과에 의해 일종의 자기 강화 기제를 갖추게 되는데, 결국 그 과정에서 위험에 대한 개별적 인지가 비대칭적 권력 구조에 의해 집단화되는 양상이 전개되는 것이다.

앞서 설명한 대로 2008년 5월 2일 2MB 탄핵투쟁연대 주도의 첫 촛불집회가 의외의 흥행에 성공하자 참여연대, 한국진보연대 등 12개 시민사회단체들은 전국 제 정당, 사회단체, 인터넷 모임 등에 '미국산 쇠고기 수입 반대를 위한 범국민대책회의'를 개최하자는 제안을 했다. 이후 5월 6일 통합민주당, 민주노동당, 창조한국당, 진보신당 등의 정당 대표들과 1,700여 개의 시민사회단체(단체 수는 이들 자체 주장), 여러 인터넷 모임의 대표들이 '광우병 위험 미국산 쇠고기 전면수입을 반대하는 국민대책회의'를 개최했다. 여기에는 참여연대와 한국진보연대뿐만 아니라 국민 건강을 위한 수의사 연대, 민주사회를 위한 변호사 모임 등의 전문가 단체가 소속되어 있었다.[38]

이들은 다양한 소통 수단을 적극적으로 활용해 입장을 표명하고 나섰다. 촛불문화제, 국민서명운동, 기자회견, 토론회, 불매운동, 각종 캠페인 등을 통해 진영 논리를 사회 전반으로 확장시켰다. 동시에 수많은 가짜뉴스가 만들어졌다. '누가 이렇게 말하더라' 식의 검증을 거치지 않은 뉴스가 종이 신문뿐만 아니라 인터넷과 SNS를 타고 무차별적으로 전국민에게 살포되었다.

광우병 파동의 전개 과정에 있어서 언론의 역할은 결정적이었다. 그리고 그 내부를 들여다보면 언론 역시 비대칭적인 힘의 구조를 이루고 있었다. 즉 미국산 쇠고기 수입 반대 진영은 폭포효과를 충분히 발휘할 만큼의 엄청난 정보를 생산하고 유통했다.[39] 반면 쇠고기 수입 찬성 진영은 모든 면에서 열세에 처해 있었다. 쇠고기 수입 반대 진영이 인터넷과 SNS 등 새로운 매체를 보다 효과적으로 활용했던 반면, 찬성 진영은 이에 소극적이었고 그 위력에 대해서도 몹시 무지했다. 좀 더 구체적으로 당시 언론의 역학 관계를 살펴보자.

종이신문의 경우 조선일보 · 중앙일보 · 동아일보와 한겨레 · 경향신문이 대립하는 양상을 보였다. 즉 조 ·

중·동으로 대표되는 보수 신문사들이 대체적으로 광우병 파동을 '괴담 수준'으로 파악해 미국산 쇠고기 수입이 큰 문제가 없다는 논지의 기사와 칼럼을 내보낸 반면, 진보 신문들은 MBC 〈PD수첩〉과 궤를 같이 하면서 광우병의 공포감 확산에 주력했고 이는 한겨레와 경향의 홈페이지 접속 빈도수 급증 및 광고의 증가로 이어졌다.[40] 한국경제, 매일경제 등 경제지들은 대체로 촛불의 숨은 의도와 광우병 루머의 확산에 우려를 표했다.

MBC, KBS, SBS 공중파 방송사는 신문사들과는 달리 공통된 입장을 보였는데, 인간 광우병에 대한 우려를 전하고 정부의 안일한 태도를 비판하는 내용을 주로 다뤘다. 김경모[41]에 따르면, 방송 3사는 광우병 파동을 한국과 미국의 외교 문제 또는 우리의 자주 내지는 민족적 자존심 문제로 해석하면서 시청자들의 외세에 대한 피해의식과 선진국에 대한 열등감을 자극한 것으로 나타났다. 특히 이들 방송 3사는 촛불집회 반대 시민보다는 참여 시민을, 여당 관계자보다는 야당 관계자들을, 보수 성향보다는 진보 성향의 인사들을 주요 취재원으로 활용함으로써 미국산 쇠고기 수입 반대 집단의 의견을 적극적으로 수용해 보도한 것으로 나타났다. 촛불집회 기간 중 방송 3사 프로그램은 주제와 내용 면에서 KBS는 약 64%, MBC는 약 91%, SBS는 약 67%가 촛불집회 측에 유리한 방송을 내보낸 것으로 집계되었다.

생산자 연대의 인터넷 활용

—

광우병 파동의 폭포효과에 가장 큰 영향을 미친 매체로는 인터넷을 꼽을 수 있다. 주요 포털 사이트의 수입 쇠고기에 대한 뉴스가 기존의 TV, 신문, 라디오 등의 정보를 대신하면서 수많은 인터넷 이용자의 관심을 끌었다. 이러한 인터넷 뉴스와 개인이 운영하는 블로그

등에서 얻어진 정보를 바탕으로 사람들은 한·미 쇠고기 협상 반대를 위한 인터넷 카페 등을 개설했다. 〈그림 2-2〉를 통해 인터넷 공간에서 벌어지는 힘의 비대칭성을 클릭 빈도수와 이용자 수 등을 중심으로 분석해보자.

〈미디어오늘〉[42]은 코리안클릭(인터넷 시장조사 업체)과 함께 광우병과 촛불집회 관련 이슈가 온라인에서 생성 및 확산되는 과정을 분석했다. 그 결과 한·미 쇠고기

〈그림 2-2〉 클릭 빈도수와 이용자 수

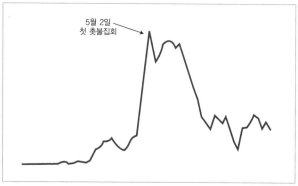

5월 2일
첫 촛불집회

출처: 코리안클릭

협상이 타결된 다음 날인 2008년 4월 20일부터 광우병에 대한 이슈가 온라인에서 떠돌기 시작했고 MBC 〈PD수첩〉 방송 다음 날인 4월 30일부터 폭발적으로 늘어나 5월 10일 절정을 이룬 것으로 나타났다. 첫 촛불집회에 10대 중·고등학생 다수가 모였는데, 이는 그들이 주로 정보를 얻는 인터넷의 영향력이 그만큼 컸음을 보여준다.[43]

광우병에 대해 의도적으로 생성된 가짜뉴스에서부터 각종 소문이나 우려의 내용을 담은 다양한 글들이 누리꾼들에 의해 인터넷에 유통되면서 인터넷은 광우병을 사회적 이슈로 끌어올리는 핵심적인 역할을 담당했다. 다음의 아고라 경제방, 자유토론방, 정치방, 사회방에서는 활발하게 미국산 쇠고기 수입 문제에 대한 토론이 이뤄졌으며 개인적 의견들도 활발히 교류되었다. 디시인사이드[44], 네이버, 야후 등에서도 뜨거운 주제로 다뤄졌다. 이러한 웹 커뮤니티에서는 새로운 소식과 함께 시위 현장의 중계 등 새로운 형태의 스트리

트 저널리즘이 개인 참여자들에 의해 생산 및 소비되었다(주요 사이트는 〈부록 3〉 참조).

오마이뉴스나 아프리카TV[45], 라디오21[46]에서는 시위 현장을 생중계해 많은 사람들이 듣거나 보도록 했으며, 촬영된 동영상은 유튜브 등을 통해 확산되어 그 속도와 영향력에서 기존의 언론을 능가했다. 2008년 6월 1일의 경우 약 120만 건의 동영상 중계 접속이 있었다. 이슈가 된 콘텐츠들이 언론사 뉴스보다는 개인 블로그의 포스트나 커뮤니티 사이트의 게시물인 경우가 훨씬 많았다는 사실에 주목할 필요가 있다.

코리안클릭에 따르면 6만 4천 개에 이르는 광우병 관련 이슈 가운데 블로그 포스트가 42%, 커뮤니티 사이트 게시물이 44%로 나타났고 뉴스 콘텐츠는 13%에 그쳤다. 코리안클릭은 광우병 초기 한 달간 정보의 제공과 유통 경로를 관찰한 결과, 개인 블로그가 이슈를 선도하고 사이버 커뮤니티는 사회 전반에 그 이슈를 확산시키고 제도권 뉴스가 이를 추종하는 경향을 보이

는 것으로 분석했다.[47] 사이버 커뮤니티는 공통의 취미
나 관심사가 있기 때문에 오랫동안 활동했던 약한 연
대가 형성되고 자연스럽게 협력과 신뢰가 구축되는 특
징을 보였다.[48]

한편 〈그림 2-3〉과 〈그림 2-4〉를 통해 광우병 이슈
가 지고 촛불집회 이슈가 뜨는 과정을 살펴볼 수가 있
다. 2008년 5월 중순을 고비로 광우병 관련 이슈가 수
그러든 반면, 촛불집회가 대규모 거리시위로 확산된
24일 무렵부터 촛불집회 관련 이슈가 부쩍 늘어나는
모습을 발견할 수 있다. '광우병 위험'이라는 주제가
사회 전체를 강타할 만큼 인화력 있는 이슈로 확인이
되자 다음 단계인 촛불집회의 내용과 방식에 대한 구
체적 논의가 활발해지는 양상을 보였다.

촛불집회가 처음 시작되고 한 달 동안 광우병 관련
이슈의 발원지로는 다음 아고라 토론방이 압도적인 1
위를 기록했고, 민주노동당 당원 게시판과 네이버 토
론방, 디시인사이드 갤러리 등이 뒤를 이었다. 뉴스 사

〈그림 2-3〉 광우병 관련 이슈 일별 추이

(단위: 개)

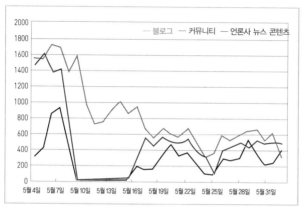

출처: 코리안클릭

〈그림 2-4〉 촛불집회 관련 이슈 일별 추이

(단위: 개)

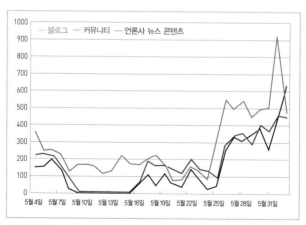

출처: 코리안클릭

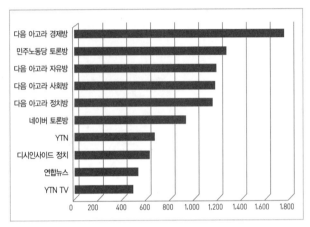

〈그림 2-5〉 주요 게시판 방문자 수   (단위: 명)

출처: 코리안클릭

이트로는 YTN과 연합뉴스가 포함됐고 언론사 독자 게시판 가운데서는 한겨레 토론마당이 유일하게 포함됐지만 비중은 크지 않았다.

이와 반대로 촛불집회가 폭력 집회로 변질되었다며 시위를 반대하는 커뮤니티도 생겨났다. '과격불법 촛불집회반대 시민연대'는 '시민과 함께하는 변호사들' 단체와 함께 촛불집회 등의 불법 집회를 반대하고 MBC 〈PD수첩〉의 편파 방송에 대한 국민소송을 진행했다. 그러나 대중의 큰 관심을 받지 못했다. 정부는 농림수산식품부와 보건복지가족부 홈페이지에 사이트를 개설해 광우병 괴담에 대한 Q&A 코너를 만들고 정부의 입장을 전달하는 글들을 올렸지만 건당 평균 조회수가 300건이 넘지 않아 홍보 효과가 거의 없었다.

여론 추이의 역동성

각종 여론조사 결과를 분석해보면 광우병 촛불집회에 대한 여론이 상당히 요동쳤음을 알 수 있다. 2008년 5월 초 집회가 시작된 시점에서는 촛불집회 찬성 여론이 압도적이었다. 우리 국민의 약 3분의 2 이상이 촛불집회를 찬성했기 때문이다. 하지만 6월 10일 대규모 집회를 전후해 여론은 부정적으로 바뀌었고 이는 6월

〈표 2-1〉 주요 여론조사 기관과 내용

일자	기관/대상	내용
5. 9	KBS-미디어리서치 (15세 이상 1,000명)	• 한·미 쇠고기 협상 재협상해야: 80.7% • 촛불집회 찬성: 69.7% / 반대: 26.0%(반대는 추정)
5. 20	CBS-리얼미터 (유권자 700명)	• 촛불집회 참가자 사법처리에 반대: 67.6% / 사법처리 찬성: 25.2%
5. 31	동아일보-KRC (유권자 1,000명)	• 촛불집회 찬성: 63.6% / 반대: 29.8%
6. 7	CBS-리얼미터 (유권자 700명)	• 촛불집회가 계속되어야 한다: 64.5% / 자제해야 한다: 31.1%
6. 13	연합뉴스-R&R (유권자 800명)	• (추가 협상 결과 30개월 이상 쇠고기가 금지되면) 촛불집회 중단되어야: 68.9% / 계속해야: 24.7% • 야당의 등원거부 반대: 65.4% / 등원거부 찬성: 20.6%
6. 20	중앙일보 조사연구팀 (유권자 1,024명)	• 촛불집회 이제 중단해야: 58.2% / 계속해야: 38.1% • 추가 협상은 재협상 수준으로 받아들인다: 51.3% / 아니다: 46.3%
6. 24	동아일보-KRC (유권자 1,000명)	• 쇠고기 추가 협상 결과 수용해야: 38.4% / 수용하면 안 된다: 52.9% • 야당은 등원해서 쇠고기 문제 등 정국현안 논의해야: 75.9% • 촛불집회는 그만해야: 58.5% / 계속돼야: 35.5% • 촛불집회 불법성에 책임을 물어야 한다: 63.5%
6. 28	조선일보-한국갤럽 (유권자 1,013명)	• 추가 협상 결과에 만족한다: 37.7% / 불만족한다: 59% • 촛불집회를 계속해야 한다: 37.9% / 중단해야 한다: 57.2% • 폭력 집회 관련, 법질서 지켜야: 76.3% / 정당한 의사표현: 22.0% • 야당은 국회에 등원해 현안을 논의해야: 80.2% / 아직 안 돼: 17.0%

6. 29	KBS-리얼미터 (유권자 1,000명)	• 촛불집회 자제해야: 59.9% / 계속해야: 35.2%
		• 쇠고기 수입 재개는 잘못된 조치: 52.7% / 잘한 조치: 26.9%
		• 촛불집회 목적이 바뀌고 있어: 66.9% / 그렇지 않아: 28.4%
7. 1	문화일보-디오피니언 (유권자 1,000명)	• 추가 협상으로 광우병 위험이 해소됐다: 32.6% / 아니다: 64.0%
		• 촛불집회를 중단해야: 60.9% / 계속해야: 34.8%
		• 야당은 즉시 등원해야: 61.6% / 가축법 개정 등을 보장받아야: 32.4%

○ **기타**
• 6. 6   촛불집회는 본인 스스로 판단해 참여했다: 81.4%
• 6. 10 이명박 대통령은 사퇴해야: 40.6% / 사퇴는 안 돼: 52.7%

출처: 조경엽 외(2008)

중순 미국과의 쇠고기 수입 재협상 이후에도 그대로 이어졌다. 초기 긍정적이었던 여론이 갑자기 부정적으로 바뀐 이유는 무엇일까?

첫째는 폭력집회에 대한 거부감 때문이었다. 5월 말 이후 촛불집회가 과격한 양상을 띠면서 경찰과 민간 부상자들이 속출하기 시작했고 광화문 주변의 상인들에게도 상당한 물적 피해를 야기하면서 일반 국민들이 거부감을 드러내기 시작한 것이다. 경찰청 자체 통계

〈그림 2-6〉 촛불집회에 대한 찬반 여론조사 추이

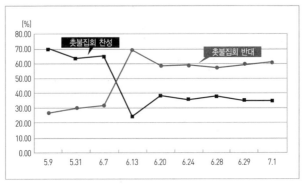

출처: 조경엽 외(2008)

에서도 드러났듯이 5월 초 최초의 촛불집회 이후 7월 1일까지 약 두 달 동안 발생한 경찰 부상자 수는 전·의경 포함해 중상 84명, 경상 375명 등 총 459명에 달했다. 이는 평상시 부상자 수에 비해 7배 정도 늘어난 수치였다. 5월 20일 조사에서는 촛불집회 참가자에 대한 사법처리를 반대한다는 의견이 67.6%에 달했는데 약 한 달 후인 6월 24일 조사에서는 같은 의견이 36.5%로 줄어들었다. 6월 29일에는 촛불집회의 자제를 원한다는 의견이 60% 정도로 늘어났다.

둘째는 정부의 재협상 노력을 국민들이 일정부분 수용한 것으로 보인다. 6월 중순 정부는 미국과 추가 협상을 벌였고 30개월 이상의 미국산 쇠고기 수입을 사실상 금지하는 등 미국산 쇠고기 안전성 확보에 대한 국민적 요구를 부분적으로 반영했다. 그 결과 촛불집회 주최 측은 광우병 이슈 자체만으로는 국민적 호응을 유지할 추동력을 상실하게 되었다. 결국 일종의 '이슈 연계'를 통해 광우병 파동을 불러온 '보수 정권의 퇴진'을 강하게 요구했지만 여론은 이를 '촛불집회의 목적이 바뀌고 있다'고 판단하고 지지를 철회하기에 이른 것이다. 실제 많은 국민들은 촛불집회를 통해 광우병 위험에 대한 우려를 청와대를 포함한 정부에 충분히 전달했고 따라서 더 이상의 집회가 불필요하다고 판단했다. 이는 6월 29일 여론조사에서 잘 드러나고 있다. 조사 응답자의 약 67%가 원래 자신이 생각했던 촛불집회의 목적과 현재 벌어지고 있는 촛불집회의 목적이 다른 것으로 인지했다. 초기 집회 참가자들의 대다수는 광우병의 위험성에 대한 걱정 때문에 집회에 참석했지만 6월 중순 이후 촛불은 정치적 이슈들이 주를 이루면서 민주노총, 민노당, 시민사회단체 등 진보조직들이 집회를 주도했다.[49] 이 때문에 7월 1일에 이르면 촛불집회를 중단해야 한다는 의견이 60%를 넘게 되었다.

셋째는 국정마비에 대한 국민적 우려와 함께 장기적인 집회에 대한 피로감이 싹튼 데서 그 이유를 찾을 수 있다. 조경엽 등[50]은 갓 출범한 이명박 정부가 촛불집회로 인해 규제개혁, 교육개혁, 공기업 민영화, 한·미 FTA 비준 등 각종 개혁정책을 펼칠 기회를 상실함으로써 그 비용은 고스란히 국민의 몫이 되었다고 주장했다. 이들의 연구에 따르면 촛불집회로 인한 직접 피해 비용은 6,685억 원, 국가적 손실은 1조 9,228억 원에 이르렀으며 장기화될 경우 그 비용이 7조 원을 상회할 것으로 계산되었다.

'광우병'이라는 인화성 강한 이슈가 초기 국민적 관

심을 받으면서 수많은 사람들을 광화문으로 끌어들였지만 집회의 폭력성과 정부의 재협상 노력 그리고 경제에 대한 우려감 등으로 두 달이 지나면서 열기는 사그라지기 시작했다. 많은 국민들은 동시에 광우병 국민대책회의가 광우병 촛불집회를 지나치게 정치화하는 데 상당한 반감을 가지고 있었다.

이는 여론조사에서 그대로 드러나고 있다. 그리고 이 같은 여론의 흐름은 당시 언론의 역학구도와 결코 무관하지 않다. 조선일보, 중앙일보, 동아일보, 한국경제, 매일경제 등은 이명박 정부를 부분적으로 비판하면서도 쇠고기 수입을 포함한 우리 경제의 보다 개방된 통상 체제로의 이행 자체를 강력하게 변호하고 나섰다. 그리고 이들 주요 보수 언론들이 앞장서서 '광우병'이라는 세찬 불길이 '정권 퇴진'이라는 새로운 연계이슈로 번져나가는 것을 사전에 차단하는 데 기여하게 된다. 조·중·동으로 대표되는 보수언론은 방송과 인터넷 등 새로 등장한 대체언론의 위력에 눌려서 가짜뉴스와 괴담의 확산 또는 촛불집회의 국민적 호응을 초기 진화하는 데는 실패했지만 이명박 정권과 일정한 협력관계를 유지했다. 따라서 당시 언론에 있어서의 보수 대 진보의 불균형의 정도가 일부 시위 참가자들이 요구한 '이명박 퇴진'을 초래할 만큼 심각한 상황은 아니었다는 해석이 가능하다.

국민들은 막 출범한 이명박 정부의 정상적인 국정 운영과 국회 정상화의 필요성을 느끼고 있었던 것으로 보인다. 특히 야당의 국회 등원 거부에 대해서는 촛불집회 초기부터 반대 여론이 높았다. 집회가 한창이던 6월 10일 여론조사에서도 국민의 52.7%가 이명박 대통령 사퇴에 반대한 사실에서 우리는 과거 노무현 탄핵 상황과의 유사점을 읽을 수 있다. 국회의원은 등원해서 광우병 정국에 대한 해법을 강구해야 한다는 것이 당시 여론이 요구한 해법이었다고 볼 수 있다. 국민들은 광우병 촛불집회를 통해 대의민주주의 체제의 종식을 요구한 것이 아니라 오히려 그 문제점을 지적

하고 국회를 통한 대의적 해결을 주문한 것으로 판단된다.

따라서 촛불집회를 '민주화의 민주화', '생활 정치의 표출' 또는 '탈물질주의와 신사회운동' 내지는 '소명 지향형 생활 정치, 가치 정치, 탈정파적 운동'으로 파악한 학계 연구자들[51]의 주장은 '광우병 위험에 대한 우려' 때문에 자발적으로 참여한 시민들이 집회 참가자들의 다수를 점했던 광우병 파동 초기 집회의 성격을 규명하는 데 유용한 분석의 틀로 보인다. 즉 광우병 파동 초기에는 생활에 밀접한 주제가 이슈화되면서 수많은 시민들이 호응해 단체행동에 나섰던, 일종의 탈정파적 사회운동의 성격을 보인 것으로 해석될 수 있다.

하지만 이갑윤[52]의 관찰에서 드러나듯이 미국산 쇠고기 수입 반대 시위가 중반 이후에는 정치 집회로 그 양상이 바뀌면서 시위는 특정 집단의 주도로 전개되는 패턴을 보이게 된다. 이갑윤은 촛불집회 전체를 관통하는 흐름에 대해 '탈정파적 생활 정치'라는 앞서 소개한 다수 연구자들의 주장과는 전혀 다른 분석 결과를 제시한다. 그는 촛불집회를 '한국 사회 기존의 정치 균열이 생활과 문화 영역에까지 오히려 확대되는 현상'으로 파악했다. 다시 말하면 촛불집회를 통해 새로운 생활 정치가 표출된 것이 아니라 한국 사회라는 그릇에 이미 생겼던 기존의 균열들이 광우병 사태를 계기로 그릇의 안전을 위협할 만큼 크게 그리고 선명하게 확대되었다고 보는 것이다.

또한 이갑윤에 따르면 촛불집회는 시간이 지날수록 호남 사람, 젊고 진보적인 성향, 민주당과 진보정당을 지지하는 사람, 이명박 대통령의 직무 수행을 부정적으로 평가하고 정부의 민주성을 비판하는 사람들이 주축을 이루게 되었다. 김대중, 노무현 정부 10년간 지속되어왔던 한국 사회의 지역, 세대, 이념을 둘러싼 고질적 균열의 축에서 진보를 표방하는 세력이 집권 초기인 보수 정권을 흔들고 이명박의 탄핵과 퇴진을 요구하고자 촛불집회를 이끌었다는 분석이 나온다.[53] 한종우[54] 또한 2008년 광우병 촛불집회는 '2002년 노무현 대선 캠페인 세력 활동의 연장선에 있다'는 분석을 내놓았다. 반복적으로 촛불집회에 참가한 사람들은 '이명박 대통령 당선'이라는 대선 결과를 수용하지 않았고 결국 새 정부가 들어선 이후에도 이명박 대통령의 탄핵과 퇴진을 목표로 대선 불복의 정치 활동을 지속적으로 펼쳤다는 주장이다.[55]

여러 여론조사 결과에서 알 수 있듯이 일반 국민들은 촛불집회가 대의민주주의의 대안 모색을 위한 적절한 방식 또는 직접민주주의의 제도화를 위한 새로운 계기로 볼 수 없다고 생각했다.[56] 여론에 편승한 정치권의 기회주의적 행태는 여론의 역풍을 맞아 오히려 대의민주주의에 충실하라는 의미의 국회 등원을 강요당하게 된 상황이었다. 집권 여당 또한 일련의 위기 속에서 정파를 중심으로 분열상을 보임으로써 정치권 전체는 다양한 의견의 합리적인 공론화 과정을 조성하는 데 실패했다.

한나라당은 이후 2008년 8월 19일 가축전염병 예방법 일부 개정안에 합의했는데, 이는 30개월령 이상 쇠고기는 광우병 발병 후 5년이 지나야 수입이 가능하고, 미국에서 수입되는 30개월령 이상의 쇠고기는 국회의 심의를 거쳐 수입이 가능하다고 규정했다. 유독 미국산 쇠고기에 대해 차별적인 조항을 뒀고 헌법상 정부에 부여된 행정입법권을 국회가 침해하는 내용이었다. 그러나 여기에 여야가 합의하고 일부 규정은 모호하게 처리함으로써 우리 국회는 법 체계상의 문제점, 즉 국내법과 국제 규범과의 충돌 가능성을 열어놓았다.

새로운 진영 구축
—

과거 정부가 새로운 정책의 도입을 놓고 국민을 설득

하는 과정을 살펴보면 정부를 가운데 두고 언론과 관련 업계 그리고 학계라는 세 주체가 위치하고 있었음을 알 수 있다. 비대칭적 협상력을 기초로 정부가 업계와의 입장을 우선 조율한 후 정부 정책에 협조적인 방송과 신문 매체를 통해 정책 도입의 필요성을 대중을 상대로 역설하고, 관변 연구소 또는 어용 교수들이 그 논리를 뒷받침하는, 이른바 산언학(産言學) 협력 체제를 구축하고 있었다. 그러나 광우병 파동은 이러한 기존의 관제형 협력 체제가 여지없이 실패할 수 있음을 보여줬다. 세상의 권력 구조는 달라졌는데 정부의 의사 결정 패러다임은 여전히 과거의 역학 관계에 기초한 채 반복되는 양상을 보인 것이다.

인터넷과 SNS라는 새로운 매체가 기존의 TV, 신문, 라디오 등에서만 접할 수 있었던 정보를 대신해 생산하고 유통하면서 정부의 정책 실패 또는 그 가능성을 생생하게 그리고 성공적으로 유포할 수 있게 되었다. 아울러 각종 시민사회단체들이 인터넷을 자신의 활동

영역으로 활용하면서 한·미 FTA 반대 운동이라는 과도기적 실험을 거쳐 광우병 사태 국면에 이르자 온라인과 오프라인의 조직적 운동을 함께 전개하는 차원 높은 전술을 선보이게 된다.

이들은 인터넷을 통해 각종 정보를 제공하고 실제 집회에서의 목표나 계획을 공개적으로 전달했다. 예를 들어 광우병 국민대책회의의 2008년 5월 30일 긴급운영위원회 사업계획에는 '유모차 행진 준비'라는 실천 계획이 공식적으로 등장하고 있다. 많은 사람을 놀라게 했던 6월 26일 광화문 시위 현장의 유모차 등장이 자연발생적이 아닌 행사의 일환으로 미리 기획되었음을 보여주는 대목이다.

그리고 이명박 정권의 등장 이후 신문사의 방송 진출을 허용하는 내용의 방송법 제정에 직면, 기득권을 위협받게 된 MBC 등 주요 방송사들 또한 한 축을 담당했다. 이들 방송사들은 김대중, 노무현 정부를 거치면서 진보 성향의 인적 자원을 지속적으로 축적해왔다

는 평가를 받았다.[57]

여러 시민사회단체와 전통 언론 그리고 인터넷이라는 세 주체가 서로 연대해 정부의 정책 도입과 집행 또는 대통령의 의사결정 행위 등을 적극적으로 비판하고 광장에서의 집단행동을 통해 정치적 주장을 관철시키는 새로운 대안적 정치 체제를 구축하게 된 것이다. 시대 상황과 정치 국면에 따라 이들은 새로운 사회적 이슈를 선점하고 한국 사회 전체를 뒤흔들 정치 역량을 구축한 것으로 판단된다.

대외 협상과
대내 협상의 비대칭

지금까지 인간의 인지능력과 감성의 비대칭성 그리고 이해집단 간 힘의 비대칭성을 중심으로 광우병 파동의 원인과 그 전개 과정을 살펴봤다. 이제는 이명박 정부의 협상 능력을 중심으로 대외 협상과 대내 협상을 둘러싼 정부 내의 또 다른 비대칭성을 분석해보자.

2003년 노무현 정부가 FTA 로드맵을 발표한 이후 외교부 통상교섭본부는 동시다발적으로 FTA 네트워크 형성을 적극적으로 추진했다. 그 결과로 FTA 불모

지었던 한국이 동북아 FTA 허브로 발돋움할 수 있게 된 것도 사실이다.

특히 한·미 FTA는 FTA 네트워크의 방점을 찍는 대형 FTA였고 체결 5년이 지난 현재 대체로 성공적인 FTA였다고 평가받는다. 협상 당시엔 '한국이 미국 산업에 예속될 것'이라는 한국의 반발 여론이 미국의 그것에 비해 거셌다. 하지만 지금에 와선 오히려 트럼프 정부가 한·미 FTA가 미국에 불리한 것이었다며 재협상을 요구하려 하는데, 이는 한·미 FTA가 적어도 한국에 불리한 것은 아니었음을 반증해준다. 협상 당시 미국 측 협상 수석대표였던 웬디 커틀러(Wendy Cutler)는 "아이러니하게 협상 기간 당시엔 한국에서 걱정을 많이 했다. 협상 기간 당시엔 한국이 잃고 미국이 이길 것이라는 감정이 팽배했는데, 5년이 지나자 미국이 오히려 '이게 진짜 이익인지'를 묻고 있다"고 말했다.[58]

하지만 개방 협상에서는 대외 협상 못지않게 대내 협상이 중요한데, 우리 정부는 후자에 대해서는 상대적으로 무능했다. 특히 한·미 FTA와 직접적인 연관이 있었던 미국산 쇠고기 수입 관련 대내 협상이 그러했다.

국제정치학에 양면게임이론(two-level game theory)이 있다. 1980년대 후반 미국의 정치학자인 로버트 퍼트넘(Robert Putnam)[59]이 제시한 이 협상 이론은 성공적인 국제 협상을 위해서는 국내 정치 요소들을 반드시 고려해야 한다는 것이 그 주된 논점이다. 퍼트넘이 80년대 통상 협상에서 미국 정부가 한편으로는 외국 정부 대표단과 1단계의 대외 협상(level-1)을 벌이면서 다른 한편으로는 미국 내 각종 이해집단, 시민사회단체, 학계, 국회 등을 상대로 토론과 설득이라는 지난한 대내 협상(level-2)을 거치는 과정을 이론화한 것이다.

국회의 비준 동의를 필요로 하는 국제 협상의 경우 비준 과정이 대내 협상의 핵심 과제가 된다. 대내 협상에 영향을 미치는 요인으로는 '협상 이슈에 대한 국민들의 선호도', '협상을 둘러싼 제 사회 세력의 권력 구조', '선거와 관련한 정치인의 개입 여부' 그리고 '지도자의 리더십' 등을 꼽을 수 있다. 이처럼 대외 협상과 대내 협상은 서로 영향을 미치면서 전략적으로 연계되어 있어 양자 모두가 적기에 성공적으로 진행되어야 국제 협상의 이행을 담보할 수 있다.[60]

대외 협상에서는 성공했지만 대내 협상에서 실패하는 경우를 우리는 많은 나라의 사례에서 볼 수 있다. 예를 들어 최근의 환태평양경제동반자협정(Trans-Pacific Partnership, TPP)을 보자. 2008년부터 미국이 앞장서서 끌어온 TPP 대외 협상은 마침내 2015년 10월 12개국 대표들이 극적인 타결을 이뤘다. 이후 의회 비준 동의만을 남긴 상태에서 트럼프 미국 대통령은 취임과 함께 비준 철회를 단행했다. 국민을 설득하고 국회의 동의를 얻는 대내 협상 과정을 스스로의 정치적 판단에 의해 아예 포기한 것이다. 제2차 세계대전 후 국제무역기구(International Trade Organization, ITO)의 창설에서도 미국 행정부는 극적인 순간 의회 비준 동의를 받는 데 실패했다. 미국 의회는 통상교섭권을 행정부에 위임할 경우 행정부의 권한이 너무 비대해져 의회를 압박할 것이라 판단해 반대한 것이다. 반면 베트남은 대내적으로는 TPP 가입을 기정사실화하고 TPP 대외 협상에 엄청난 공을 들여왔지만, 미국이 비준 동의를 철회함에 따라 겨우 성사를 시켰던 대외 협상 자체가 미국이라는 외부 요인에 의해 무산된 경우다. 공산당 일당 체제에서 대내 협상은 종종 형식적이거나 그 중요성이 무시된다. 중국의 경우도 예외가 아니다.

정부 대표는 대외 협상에 나가기 전에 다양한 경로로 이해 관계자들과 시민사회단체, 학계 및 국회의 의견을 청취해야 한다. 물론 이들 모두와 직접 협상을 할 수는 없지만 적어도 간담회, 토론회, 공청회, 국회상임위, 특위 등과는 긴밀하게 움직여 대외 협상의 범위와 전략 등을 함께 논의해야 할 필요가 있다. 때로는 대내 협상의 어려움을 대외 협상에 유리한 카드로 활용하는가 하면 대외 협상의 불가피성을 강조해 어려운 대내 개혁을 도모하기도 한다. 일본 아베 수상의 TPP 추진 방식은 후자에 속한다고 볼 수 있다.

그렇다면 이명박 정부는 어떠했는가? 결론적으로 말하자면 대내 협상을 체계적으로 또 성공적으로 이끌 역량도, 이를 뒷받침할 거버넌스도 갖추지 못했다.

정부는 어떻게 대응했을까

우선, 정부는 미국과의 쇠고기 대외 협상에 앞서 이해 관계자와 관련 단체 및 국회와의 충분한 협의를 거치지 않았다. 우리 정부의 대내 협상은 미국과의 대외 협상을 끝낸 후에야 시작됐다. 대국민 설득 작업을 사후적으로 시작한 것이다. 물론 정권의 출범 초기 대통령, 국무총리, 관련 부처 장관들이 업무 파악도 제대로 하기 어려웠던 시점에 광우병 파동이 터진 점은 충분히 고려가 되어야 한다. 하지만 5월 초 광우병 집회가 시작되고 난 후의 정부의 역할과 대응 방식은 여전히 많은 문제점을 드러냈다.

정부가 주요 일간지 및 청와대 홈페이지 등에 '광우병 괴담에 관한 10문 10답'을 게재하는 등 인터넷을 통한 대국민 홍보 활동을 시작한 것은 첫 촛불집회 개최 3일 후인 2008년 5월 5일이었다. 첫 촛불집회가 개최된 5월 2일 당시 농식품부 장관과 보건복지가족부 장관이 미국산 쇠고기가 안전하다는 내용의 공동 담화문을 발표하고 기자회견을 가졌지만, 〈PD수첩〉 보도에 놀란 대다수 국민들을 설득하기는 이미 힘든 상황이었다. 정부의 대외 협상이 효과적인 대내 협상을 염두에 두지 않고 일방적으로 이뤄졌다는 점에서 이미 여론의 큰 반발의 불씨를 내부적으로 안고 있었던 셈이다.

쇠고기 수입 문제는 여러 부처가 간여하는 입체적인 문제였고, 정부의 정책 조정 능력이 절실히 요구되는 문제였다. 미국산 쇠고기 수입과 관련한 당시 부처들을 살펴보자. 국립수의과학검역원(현 농림축산검역본부)은 가축전염병예방법과 축산물가공처리법에 의거해 농림수산식품부(2013년 3월 농림축산식품부로 개편) 장관이 정하는 바에 따라 미국산 쇠고기의 위생 조건, 축산물 가공 기준, 성분 규격에 관한 검역 업무를 관장했다. 또 보건복지가족부(현 보건복지부) 산하 식품의약품안전청(현 식품의약품안전처)은 식품위생법에 의거해 식품위생 안전성에 대한 검사 및 둔갑 판매 방지를 위한 원산지 단속 업무를, 관세청은 관세법에 의거해 미국산 쇠고기에 대한 관세의 부과, 징수 및 통관 업무를 각각 관장했다. 그러나 광우병 파동이 발생한 뒤 정부는 범 부처 간 통합적인 정책 조정 능력을 전혀 발휘하지 못했다.

첫째, 청와대는 당시 사태를 큰 그림에서 파악하고 대처하는 데 한계를 드러냈다. 국민들을 설득하기 위한 전략을 수립할 역량도 인적 구성도 용기도 없었다. 정부는 쇠고기 협상에 대한 정무적 판단이 부족했고,

〈그림 2-7〉 광우병 사태 당시 쇠고기 수입 관련 정부조직도

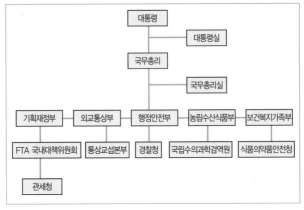

출처: 당시 정부조직도에 근거해 필자 작성

판단이 있었더라도 잘못된 것이었다. 쇠고기 협상에
대해서 국민을 상대로 충분히 설득하거나 이해시키려
는 노력이 절대적으로 부족했을 뿐만 아니라, 수입 반
대 진영의 주장이나 동 협상이 초래할 후폭풍에 대한
진지한 고민이나 성찰이 없었다. 쇠고기 사태는 이명
박 정부의 정무와 홍보 기능에 적신호가 켜져 있음을
단적으로 보여주는 사건이라 할 수 있다.

책임 있는 정부라면 중대한 일을 추진할 때 내부적

합의를 우선적으로 도출하고 아울러 위기 상황에 대비한 플랜 B를 마련해둔다. 그러나 쇠고기 문제에 관한 한 정부는 내부 협상 과정을 아예 생략한 채 플랜 A만 추구했다. 국민이 정부의 발표를 믿지 않는 상황이 발생하는 경우 플랜 B, 예를 들어 광우병 관련 세계적인 과학자들을 패널로 한 광우병특별위원회를 통해 국민을 설득하려는 안이라도 준비했다면 훨씬 효과적이었을 것으로 보이지만, 이러한 점에 대한 사전 건의는 묵살되었다. 결국 일부 시민사회단체 소속의 수의사들이 '광우병 위험'에 대한 과학적 논의를 주도해가는 프레임과 공간을 정부가 마련해준 꼴이 되었다. 전략의 부재는 무능력으로 나타났고, 이는 결국 고스란히 사회적 비용이 되어 국민의 몫으로 돌아왔다.

둘째, 컨트롤타워가 없었다는 점이다. 전략 부재는 명확한 컨트롤타워가 없었다는 점과 무관하지 않다. 청와대 경제수석실은 스스로 컨트롤타워가 되기를 주저했고 컨트롤타워가 될 새로운 조직을 발족할 힘도 없었다. 국무총리실 또한 정부 각 부서의 업무를 분담하고 조율·조정해 국민 앞에 통일된 입장을 보여주는데 실패했다. 이는 국제팀을 비롯한 관련 조직이 축소된 여파라는 지적이 있다. 당시 국무조정실의 소극적 대응은 각 부처의 대응 실패로 이어졌다.

셋째, 국내 협상 문제를 총괄하고 있는 기획재정부는 '쇠고기 협상이 FTA와는 별개의 기술협의의 문제'라는 입장만 고수한 채 산하 FTA 국내대책본부를 적극적으로 가동시키지 않음으로써 국내 갈등의 최소화라는 역할을 제대로 수행하지 못했다.

그러나 뒤에 자세히 살펴보겠지만, 한·미 쇠고기 협상은 기술 협의임과 동시에 통상 협상의 성격을 가지고 있었다. 한·미 FTA 협상은 미국이 국제수역사무국(Office International des Epizooties, OIE)으로부터 광우병 위험통제국 지위를 획득한다는 전제 하에 이뤄진, 관세의 단계적 폐지 및 세이프가드 도입 등에 관한 통상 협상이었던 것이다. 따라서 당시 FTA 국내대책본부의 무위(inaction)는 상황의 악화와 무관하지 않다.

넷째, 미국산 쇠고기의 안전성에 대해서는 주무 부처인 당시 농림수산식품부가 앞장서서 대국민 홍보를 했는데, 그 방식이 효과적이지 못했다. 일례로 정부 합동 기자회견에서 농림수산식품부의 한 관계자는 미국의 강화된 사료 금지 조치에 대해 묻는 기자들의 질문에 명확하게 답을 하지 못함으로써 국민들의 협상 자체에 대한 불신을 가중시켰다.

왜 농림수산식품부가 무능했는가? 농림수산식품부는 그동안 주로 우리 농민의 이익을 대변해왔다. 한우가 얼마나 맛있는지를 홍보해온 부처다. 그런데 갑자기 미국산 쇠고기 문제에 부닥쳐 수입 쇠고기의 안전성을 홍보하는 역할을 맡게 됐고, 이는 축산 농가의 이해와 상충된다는 점에서 역할상의 괴리가 발생할 수밖에 없었다. 효과적인 대응 전략을 내놓지 못한 것은 이런 점과 무관하지 않다. 특히 일부 전임 장관들이 정부의 미국산 쇠고기 30개월령 이상 그리고 특정 위험 부위의 수입에 대해 안전성을 이유로 강하게 비판하고 나서자 현직 장관을 포함한 부처 자체의 신뢰성이 떨어졌다. 향후 농림수산식품부, 즉 현 농림축산식품부라는 부처의 존립 목적이 무엇인지, 또 추구하는 목표들 간에 상충이 발생할 경우 어떤 목표를 우선해야 할지 등에 대해 심도 깊은 논의와 입장 정리가 필요해 보이는 대목이다.

당시 식품의약품안전청의 경우에도 그 역할이 제한적이었다. 가령 세계적인 심도 있는 연구 결과를 객관적으로 제공해 국민을 설득하려는 시도조차 없었다. 그 결과 광우병 위험을 둘러싼 음모론의 확산과 그 인지적 연계 고리 차단에 실패했다. 결국 이 시기 한국 정부는 대내 협상을 둘러싸고 '총체적 거버넌스의 실패'를 노정했으며, 이는 이명박 정부 집권 초기 주요 정책의 추진에 있어서도 상당한 차질을 가져왔다.

지금까지 대내 협상의 문제점을 지적했지만, 사실

미국과의 쇠고기 대외 협상 또한 문제점이 많았고 특히 대내 협상과의 관련성 측면에서 그랬다. 다시 말해 대내 협상을 용이하게 하기는커녕 오히려 대내 협상에 걸림돌이 되게 하는 난점들을 잉태했다.

당시 농림수산식품부는 노무현 정부 하의 1차 기술협의에서는 미국의 요구를 수용하지 않고 강경 라인을 고수한 채 협상을 결렬시킨 바 있다. 그랬던 농림수산식품부가 이명박 정부가 들어서자 2차 기술협의에서 미국의 요구를 전적으로 수용했던 이유를 파악하기란 쉽지 않다. 노무현 정부 시절 협상팀은 정치적 파장이 클 것으로 예상되는 쇠고기 문제를 다음 정부로 넘기는 데 결정적인 역할을 하고는, 대통령이 바뀌자 적극적 협상 타결이라는 수용적 자세로 그 입장을 180도 바꾼 것이다. 협상을 담당한 일부 관료들이 소신 없이 정치권에 휘둘린 측면이 적지 않다는 의미로 해석된다. 이렇게 한·미 정상회담의 종속변수로서 쇠고기 협상을 서둘러 추진하다 보니 뒤에 살펴보겠지만 무리

수와 자충수를 두게 되었고, 대내 협상에 큰 걸림돌로
작용하게 되었다.

대의민주주의 하에서 통상 협상(trade policy)의 타
결과 이행이 통상 정치(trade politics)라는 내부적 동의
절차를 거쳐야 하는 것은 당연하다. 그럼에도 불구하
고 정권의 향배에 따라 그 태도를 극적으로 바꾼 쇠
고기 협상에서 관료 집단의 전문성과 소신을 읽어내
기란 쉽지 않다. 바로 이런 점이 국민이 정부를 신뢰
하지 못하게 만들고 대내 협상을 어렵게 만들었다.
일부 관료들의 이 같은 정치적 처신은 그 당시 한때
유행하다 종결된 사안이 아니라는 점에 문제의 심각
성이 존재한다. 한·미 FTA 재협상[61]에서도, 한·캐
나다 쇠고기 분쟁[62]에서도, 이후 한국의 후쿠시마 수
산물 수입 금지에 대한 일본의 WTO 제소 건에서도
정치인이 아닌 관료의 정치화 과정이 여전히 관찰되
고 있다.

MB 정부의 무능력

———

2008년 4월 18일 타결된 쇠고기 협상은 나중에 정부가 스스로 실패를 자인하기에 이르렀다. 촛불 여론에 밀려 1차 추가 협상에 이어 2차 추가 협상을 거쳐서야 겨우 대국민 설득의 실마리를 풀 수 있었다. 초기 협상의 실패는 몇 가지 측면에 기인한다고 할 수 있다.

첫째, 대통령의 방미라는 정치적 일정에 무리하게 맞추기 위해 지나치게 양보한 측면이 없지 않았다. 가령 30개월 이상의 미국 쇠고기 수입이 우리나라의 쇠고기 수입에서 차지하는 비중이 무시할 정도(3% 미만)라면, 오히려 미국을 설득해 미국은 실익이 없는 반면 우리는 여론의 역풍을 맞을 수 있다는 점을 충분히 주장할 수 있었을 것으로 보인다. 아울러 과학적으로는 문제가 없지만 우리 국민들이 민감하게 여기는 부위는 아예 미리 수입을 명시적으로 금지하는 방안도 협상이 불가능한 것은 아니었다.[63]

둘째, 세계무역기구(World Trade Organization, WTO)에 의해 다자적으로 보장된 위생검역에 관한 우리 정부의 주권을 양자적으로 포기한 것은 우리 협상단의 부주의로 전문가들은 판단하고 있다. 즉 초기 협상에서 한국 정부는 "미국에서 추가적인 광우병이 발생할 경우 OIE가 광우병 관련 미국의 지위를 부정적으로 변경하는 경우에 한해서만 미국산 쇠고기의 수입 중단 조치를 취할 수 있도록" 한 것이다. 그냥 가만히 있으면 WTO 회원국으로서 한국 정부가 미국에 광우병과 같은 사건이 발생하면 미국산 쇠고시 수입 중단 등의 조치를 취할 수 있음에도 불구하고, 미국과의 양자 협정을 통해 상황을 더욱 어렵게 만들어놓은 셈이다. GATT(General Agreement on Tariffs and Trade) 20조와 WTO 위생검역(SPS) 협정에 의해 보장된 주권을 미국의 지위 변경, 즉 '광우병 통제국에서 광우병 미결정국으로 지위가 낮아졌을 때' 라는 조건 하에서만 정부의 검역 주권을 양자적으로 인정한 것은 쇠고기 협상에 있

어서의 우리 정부 측의 오점으로 기록될 것이다.[64]

셋째, 쇠고기 협상의 성격에 관한 정부의 몰이해를 지적할 수 있다. 앞서 살펴본 것처럼 쇠고기 협상은 기술협의와 통상 협상의 성격을 함께 띠고 있긴 하지만, 기실 큰 그림에서 보면 통상 문제에 가깝다.[65]

미국의 맥스 보커스(Max Baucus) 상원 재무위원장은 "쇠고기 시장의 완전 개방 없이는 FTA 비준도 없다"라는 일련의 발언들을 통해 본의를 명백히 드러냈으며 커틀러 미국 측 한·미 FTA 협상 수석대표 역시 한·미 FTA 5차 협상이 시작되자마자 "한·미 FTA가 미국 의회에서 비준을 받으려면 한국의 쇠고기 시장이 완전히 개방되어야 한다"면서 보커스 의원에 이어 재차 한국에 쇠고기 수입 검역 기준 완화 압력을 가했다. 한·미 FTA 협상의 관건은 미국산 쇠고기와 한국 자동차였고, 한국은 쇠고기 수입을 약속하는 조건으로 자동차 부문에서 우리에게 유리한 FTA 협상안을 타결지었다. 그리고 2007년 4월 2일 노무현 전 대통령은 한·

미 FTA 협상을 타결지으며 한·미 FTA 특별 담화문에서 미국산 쇠고기 수입 재개와 관련해 "OIE 결정이 내려지면 국제 기준을 따르겠다"고 부시 대통령에게 약속했다.

하지만 뒤에 가서 한국 정부는 FTA와 미국산 쇠고기 수입 재개의 관련성을 부인했고, 이에 따라 국내에서 쇠고기 협상은 '위생검역'이라는 기술적 협의에 초점이 맞춰지게 된 것이다. 이 같은 사실은 쇠고기 문제를 FTA로 끌어들일 경우 국회 비준이 더욱 어려워질 수 있다는 내부 판단에 부분적으로 기인하고 있었다.

정부는 쇠고기 문제가 한·미 FTA의 중요한 한 부분임을 인지하고 있었지만, 외부적으로는 기술적 협의에 불과할 뿐이라며 애써 그 의미와 파장을 축소하려고만 노력했다. 청와대와 총리실은 한·미 FTA의 한 부분으로서 이 문제가 가지는 심각성을 깊이 인식하지 못했고, 국민들을 설득할 논리를 갖추지도 못했다. 따라서 각 부처 또한 문제가 발생한 후에야 임기응변 식으로 대응하는 양상을 띠게 되었다.

물론 '미국산 쇠고기 수입이 한·미 FTA의 선결 요건'이라는 점을 정공법으로 들고 나왔을 경우 농민을 중심으로 한 반대 여론이 더욱 거세졌을 것이고, 대내 협상은 더욱 어려웠을 것이라는 점을 부인할 수는 없다. 그럼에도 불구하고 이명박 정부가 FTA 국내대책본부를 통해 피해 산업과의 내부 협상을 적극적으로 추진하면서 피해 최소화에 나서고, 나아가 미국산 쇠고기가 안전하다는 과학적 증거를 제시함과 동시에 수입으로 인해 국내 소비자들이 볼 구체적인 혜택 등을 미리 적극적으로 홍보했더라면 하는 안타까움이 남는다. 광우병 파동의 전개 과정을 통해 정부는 무책임하고 무능력하며 의견 조율마저 되지 않는, 신뢰하기 힘든 모습으로 국민들에게 다가왔다. 물론 노무현 정부 역시 그 책임론에서 자유로울 수는 없다.

하지만 이명박 정부의 대외 협상 능력을 성과 면에서 평가하면 대내 협상에 비해 상대적으로 성공적이었다고 볼 수 있다. 이 기간 미국, 유럽연합, 인도 등의 거대 경제권과의 FTA가 결과적으로 발효되었고 중국, 베트남과의 FTA 협상이 개시되었다.[66] 반면 대내 협상을 둘러싼 거버넌스의 실패는 광우병 파동을 불러왔고, 이는 2013년 박근혜 정부의 출범과 함께 외교부의 통상 교섭 기능을 산업자원부에 전면 이양하게 되는 원인 중 하나로 작용했다.[67]

정치권의 비대칭성

—

대내 협상에 있어서 정부의 중요한 상대 중 하나는 정치권인 국회다. 당시 국회는 정당별로 진영 논리를 펼쳤다. 즉 한나라당은 통일된 입장은 아니었으나 전반적으로는 미국산 쇠고기 수입 재개에 긍정적인 반응을 보였다. 반면 당시 통합민주당과 자유선진당 그리고 민주노동당은 적극적인 반대에 나섰다. 한나라당은 내분의 조짐과 함께 정치적 스펙트럼이 비교적 유사한 자유선진당의 지지를 구하는 데도 실패함으로써 성공적인 대내 협상을 위한 정치적 동력을 확보할 수 없었다. 정부에 이어 정치권마저 쇠고기 수입을 둘러싼 컨센서스 형성에 실패함으로써 양극화된 진영 논리에서 한 발짝도 벗어날 수 없었다. 당시의 각 정당 입장을 구체적으로 살펴보자.

한나라당

대체적으로 정부와 입장이 같았으나 협상이 급하게 추진되었다는 점은 내부에서 일부 인정하고 있다. 그러나 미국 쇠고기를 수입하자는 입장이 주류였다. 2007년 8월 3일 당시 야당이던 한나라당은 미국산 수입 쇠고기에서 등뼈가 발견되자 논평을 통해 수입 금지 조치를 강력히 요구한 바 있으나, 여당으로 집권하게 된 후에는 입장을 바꿔 찬성으로 돌아섰다. 이와 같은 입장 변화는 국민들의 의혹을 가중시키는 원인 중 하나가 되었다. 2008년 5월 14일 조윤선 당시 한나라당 대변인은 "쇠고기 논란은 마침표를 찍고 국익을 위한 한·미 FTA로 가야 한다"고 브리핑했다. 안상수 원내대표는 한나라당이 17대 국회에서는 소수당이고 민주당이 다수당이므로 통합민주당이 협조를 해주지 않으면 정상적으로 국회가 운영될 수 없다고 말했다. 친박연대는 이 논란에 대해 특별한 논평을 하지 않았지만 당시 차기 권력으로 주목받았던 박근혜는 피해 산업에 대한 정부의 대책 부재를 강도 높게 비판하면서 이명박계와의 갈등을 노정했다.

통합민주당

졸속 협상을 비판하고 참여정부 때처럼 30개월 미만 뼈 없는 쇠고기 수입으로의 재협상을 요구했다. 또한 장관고시 철회, 내각 총사퇴 등도 요구하며 18대 국회 등원을 거부했다. 2008년 5월 6일 입장 발표를 통해 재협상이 가장 좋은 방법이라고 주장했다. 또한 재협상 시한이 만료되면 재협상의 효력과 현실성이 상실되기 때문에 특별법이 대안일 수밖에 없다는 주장이었다. 당시 손학규 대표는 "재협상이 되면 특별법이 필요 없다"는 취지의 주장을 했고, 박성천 대표는 "특별법이 최후의 카드"라는 주장을 했다.

자유선진당

미국산 쇠고기 수입 자체에는 반대하지 않았으나 졸속 협상을 비판했다. 통합민주당과 함께 장관고시 철회, 내각 총사퇴 또한 요구했으나 촛불집회와 같은 행동에는 직접 참여하지 않았다. 정부 대책에 대해서는 2007년 6월에 발표된 정책의 재판으로 새로운 내용이 아니고 도축세 폐지, 조사료 생산 확대, 축사시설 현대화 등은 노무현 정부에서 제시됐던 정책들이라 주장했다. 이 당은 정부에 전면 재협상을 요구했지만 통합민주당이 요구한 쇠고기특별법 제정에는 부정적 입장을 밝혔다. 그리고 특별법 추진에 대해서는 국제 협약이 법의 효력을 갖는데 특별법을 만들면 국내법과 국제법이 충돌하는 사례를 가져와 바람직하지 않다는 입장이었다. 당시 박선영 대변인은 "미국과의 쇠고기 협상에 대해 국민투표에 회부해 국민심판을 받을 것을 제안한다"고 말했다.

민주노동당

강기갑 의원을 중심으로 졸속 협상, 미국산 쇠고기의 안전성, 검역 시스템 문제 등을 집중 제기했다. 민노당은 한·미 FTA는 물론 한반도 대운하 건설 등 인프라 확충과 노동 시장 유연성 확대를 내세운 이명박 정부의 신자유주의적 정책에 반대했다. 민노당은 또 2008년 5월 13일 오후 국회 본청 계단 앞에서 '쇠고기 협상 전면 무효, 장관고시 유예 및 재협상 촉구' 결의 대회를 열고 "굴욕적 쇠고기 협상 전면 무효와 재협상을 반드시 실현시켜 국민의 생명과 안전을 지킬 것"이라고 밝혔다. 당원들에게 보내는 지침을 통해 5월 24일

협상 반대 시위에 최대한 참가할 것을 촉구했다. 또 기존 협상을 원점에서부터 재협상할 것을 주장하면서 재협상을 기조로 한 요구안을 마련했고, 5월 13일 '특별법(광우병 위험 쇠고기 수입 및 유통 제한 등에 관한 특별법)'을 발의했다. 특별법의 주 내용은 수입 및 유통 대상을 30개월령 이하의 소에서 특정 위험 물질과 뼈 등을 제외한 살코기 등으로 엄격히 규정하고 수입 및 유통 중단 유형을 엄밀히 규정한 것이다.

광우병 파동은 대내 협상에 대한 이명박 정부의 무기력과 무능력을 보여주는 상징적 사건이라 할 수 있다. 대외 협상 타결 이전의 사전적 공론화 과정과 사후적 설득 작업 모두에 실패함으로써 국정은 정권 초기 3개월간 마비되었다. 이후 통상절차법의 제정을 통해 정부는 이해 관계자와의 사전 협의와 소통 채널 확보 및 공론화 과정의 마련에 나섰지만 그 효과는 아직도 미지수다.

남겨진 불씨

온 국민을 공포로 몰아넣었던 광우병 파동이 수면 아래로 가라앉은 지 9년이 흘렀다. 하지만 그 후유증은 여전히 흔적으로 남아 아물지 않는 우리 사회의 상처가 되었다. 촛불이 우리에게 남긴 것은 무엇인가? 촛불을 통해 우리가 얻게 된 교훈은 무엇인가?

광우병 파동은 미국산 쇠고기 수입을 중간 매개로 해 수입 대체 생산자 연대 세력이 인터넷과 오프라인을 동시에 지배하면서 정국을 주도한 사건으로 기록될 것이다. 그리고 그 집회가 초기에 일시적이나마 국민적 호응을 얻는 데 성공한 사실의 이면에는 인수위 시절 이후 국민의 목소리를 겸허하게 듣지 못한 이명박 정부의 오만과 독선 그리고 거버넌스의 실패가 자리 잡고 있었다.[68] 시위대와 국회의원에 맞서 이들을 직접 설득할 용기도 없이 청와대 뒷산에 올라 〈아침 이슬〉을 부르며 눈물을 흘렸다는 대통령은 무기력의 표상이 되었다. 대 국민, 대 국회 소통 능력을 포함한 정치력과, 새로운 정책의 시행에 대한 정무적 판단 능력 그리고 정책 추진을 뒷받침할 확고한 정치 철학의 소유 여부가 향후 우리 정치 지도자의 기본 덕목임을 광우병 파동은 역설적으로 보여준 셈이다.

이명박 대통령은 쇠고기 사태를 맞이해 정권 초기 정치적 리더십의 부재를 온 국민에게 확인시켜줬다. 영국의 가디언지[69]는 광우병 사태의 원인을 우울한 한국의 경제 상황과 불도저식 이명박 대통령의 부적절한 인사 정책 그리고 대북 강경라인의 대두에 따른 시민 사회단체의 반발로 파악하고 이명박 대통령의 국회, 특히 야당 의원에 대한 적극적인 설득과 노력을 통한 리더십의 회복을 주문했다. 미 의회보고서[70] 또한 광우병 촛불집회로 인해 이명박 대통령이 리더십에 큰 타격을 받고 집권 초기 주요 정책의 입안에 차질을 빚게 되었다고 분석한 바 있다.

따라서 앞으로 사회적으로 민감한 주제를 다룰 때

는 대통령의 대내 리더십 발휘가 필수적이다. 아울러 정부 내에 컨트롤타워를 명확하게 정하고 국무총리실 또는 청와대가 중심이 되어 각 부처의 역할을 미리, 제대로 분담해 책임감 있게 처리해야 할 것이다. 협상 관료들 또한 정치권의 주문에만 이끌려 움직일 것이 아니라 소신과 전문성 그리고 협상 경험을 중심으로 국익에 따라 스스로의 목소리를 명확하게 낼 필요가 있다. 참고로 한 · 미 FTA 협상 당시 찬성 여론이 반대 여론보다 높았는데, 이는 당시 기획재정부 산하 FTA 국내대책본부의 설명을 통한 적극적인 홍보에 힘입은 바 컸다.

한국의 시민사회단체는 소속 회원을 위한 '이익단체'가 아니라 거대 담론의 실행체 성격을 가진 '이념단체' 성격이 짙다. 회원의 이익을 위해 행동하는 단체가 수적으로 적은 것은 그 형성 과정에서 '회원 주도의 자발적 참여'가 부족했기 때문으로 판단된다. 정기적으로 회비를 내는 회원들의 이익을 극대화하기 위해 정치 중립적인 활동을 적극 펼치는 단체가 드물다는 이야기다. 다양한 시민사회단체가 스스로 성장할 수 있는 토양이 부족한 상황에서 정부의 자의적인 자금 지원은 이들의 이념적 편향성을 더욱 공고하게 만든 촉매제로 작용했다. 결국 새로 들어서는 정권마다 보조금 지급을 통해 자신을 지지하는 이념단체를 새로 만들거나 세력을 키웠고 이들이 시민들의 선호 관계를 있는 그대로 현시화하지 못하는 한계를 드러냄으로써 한국 시민사회단체들은 이제 존재의 이유를 설명하고 정당화해야 하는 큰 도전에 직면하게 되었다. 역사는 촛불집회를 통해 한국 시민사회단체들이 정치적 투쟁을 지양하고 오히려 '탈정파적 이익단체'로 거듭나기를 요구하고 있다.

21세기 한국 사회는 정부 및 국회와 생산적인 파트너십을 구축할 수 있는 민주적 역량과 도덕성을 갖춘 시민사회단체를 원한다. 이를 위해 시민사회단체는 자기관리 능력을 제고하고 공공성을 강화할 필요가 있다. 왜냐하면 새로운 정치 환경에서 정부와 정당들의 독점적 지위가 급격히 무너지고 제도를 중심으로 한 전통적 권력이 네트워크를 통해 정보의 유통이라는 형태로 분산화되면서 우리 사회는 참여와 대의, 이 모두를 건강한 긴장 관계에 둘 수 있는 효율적인 거버넌스를 필요로 하고 있기 때문이다. 시민사회단체 주도의 촛불집회는 최장집[71]의 주장대로 하나의 시민사회가 다른 시민사회의 동원을 불러들이는 "시민사회 대(對) 시민사회"의 상황을 만들 가능성이 크다. 실제 박근혜 탄핵의 촛불은 태극기 부대를 불러들였다.

광우병 파동을 통해 드러난 우리 국회의 현주소는 '기회주의와 냉소주의의 전당'이었다. 여론에 편승한 인기영합적(populist) 기회주의 행태와 함께 정파에 따라 움직이는 냉소주의적 기류가 큰 문제로 드러났다. 즉 국회의원이 지역구의 여론을 효과적으로 대의하지 못했고 시위대의 눈치까지 보는 기회주의가 기승을 부렸다. 같은 정당 내에서도 계파에 따라 상대의 주장을 비웃는 냉소주의가 판을 쳤다. 문제의 해결 방안에 대한 진지하고도 건설적인 논의는 실종되었고 합리적이고 객관적 의견의 공론화에도 국회는 실패했다.

대의민주주의가 제 역할을 하지 못할 경우 국민은 광장에서 그 의사를 표시할 수밖에 없다. 이 때문에 광우병 파동을 '대안적 정치 체제의 등장'으로 해석하는 다양한 견해들이 제시되고 있다. 시민들의 비판적 의견 표출과 이를 관철하기 위한 직접민주주의 체제가 사회 전면에 떠오른 것이다. 상대의 이야기에 귀 기울이지 않는 일방적인 국회의원에게 유권자들이 등을 돌렸고 사안에 따라 정파와 지역의 이익을 초월하는 모습을 국회의원에게 요구하기도 했다. 입법부의 전문성 및 대표성 강화는 행정부의 견제와 건설적인 대안 제시를 위해서도 반드시 선행되어야 할 사안임을 광우병 파동은 우리 모두에게 깨닫게 했다.

언론의 경우 표현의 자유는 우리 모두가 지켜야 할 헌법적 가치임이 분명하지만 이른바 일부 매체에서 대량으로 생산되고 유통되는 '탈 진실(post-truth)'을 겨냥한 루머와 괴담 그리고 가짜뉴스에 대해서는 공공성 확보를 위한 최소한의 안전장치가 필요하다는 교훈을 얻었다. 가짜뉴스가 우리 사회에 끼치는 부정적 영향은 천문학적 금액에 이르고 그 피해는 고스란히 국민이 안게 되었기 때문이다.[72]

광우병 촛불집회는 아직 끝나지 않았다. 이갑윤[73]의 주장대로 광우병 파동에서 '기존의 정치 균열이 건강과 환경이라는 새로운 이슈에까지 전선을 확대하면서 침투한' 성격을 배제하기 어렵다면 '기존의 정치 균열'에 대한 진지한 보수(補修)와 보정(補正)의 노력 없이 한국 사회는 파국을 면하기 어렵다. 우리의 사고 체계와 정치적 권력 구조가 그 비대칭성으로 인해 일시적 불균형을 안정적인 균형 상태로 되돌릴 수 있는 복원력을 확보할 수 없다면 촛불은 다른 곳에서 그리고 새로운 구호로 다시 타오를 것이기 때문이다.

3장

몸통을
지켜내는 지혜

안전을 위한 과학적 분석과 관리 못지않게 중요한 것은 안전에 관한 과학적 정보와 지식을 시민들에게 알리고 합리적 소통을 하는 '커뮤니케이션'이다. 광우병 촛불은 그 커뮤니케이션이 실패한 공간에서 발화됐다.

카너먼 교수가 말했듯 민주주의는 혼란스러울 수밖에 없다. "시민들의 가용성과 감정 휴리스틱이 일반적으로는 올바른 방향을 향하더라도 자주 편향에 사로잡히기 때문이다. 대부분의 사람은 대부분의 시간 동안 건강하며, 대부분의 판단과 행동도 적절하다. 그러나 매우 자주, 우리는 틀린 것도 옳다고 우긴다."[74]

구로사와 아키라(黑澤明) 감독의 영화 〈라쇼몽〉을 보면, 한 사람의 죽음을 네 사람이 전혀 다른 방식으로 회상한다. 진실은 물론 단 하나일 것이다. 그러나 사람들은 저마다 자기에게 유리한 방식으로 증언한다. 이런 성향이 집단화돼 가용성 폭포나 집단 극화의 기제를 거친다면 진실은 더욱 멀어질 수 있다. 진실은 하나이지만, 그 진실의 해석은 서로 경쟁하며 대안적 진실(alternative facts)로 존재하게 된다.

로웬스타인[75] 교수가 강조하듯 대중의 위험에 대한 감정적 반응은 그 위험에 대한 전문가들의 평가와 크게 괴리되는 경우가 많다. 이 점을 겸허히 인정하는 지점에서 진정한 소통이 싹트고 합리적인 대안이 마련될 수 있다. 정책 당국자들 역시 대중의 태도와 의견에 휩쓸리기 쉽다. 하지만 위험의 심각성에 대한 과학적 평가에 의거해 정책을 집행하는 것이 책임 있는 태도다.

선스타인[76]은 미국 상원이 하원의 열정에 '냉각 효과(cooling effect)'를 발휘하도록 설계된 것과 마찬가지로 정부는 정책을 펼 때 히스테리나 기우에 좌우되지 않도록 주의해야 한다고 주장한다. 그는 기존 규제 시스템의 우선순위가 매우 엉성하게 책정되며, 이는 시스템이 신중한 객관적 분석보다 대중의 압력에 반응하고 있음을 보여준다고 했다. 그리고 위험에 대한 편향적 반응은 공공 정책의 우선순위를 변덕스럽고 부적절하게 책정하게 만드는 주요 원인이라고 말했다. 따라서 위험을 줄이기 위한 위험 규제와 정부의 개입은 비용 편익 분석(cost benefit analysis)의 합리적인 저울질에 따라 인도돼야 한다는 것이 그의 결론이다.

또한 학계와 정책 당국은 로웬스타인[77]이 말하듯 "위험을 둘러싼 감성적 반응에 관한 정보를 지속적으로 그리고 정기적으로 수집할 필요가 있다". 건강한 사회를 만들기 위해서는 음모론의 문제점과 한계를 직시해야 한다는 의미다. 음모론은 이론을 제공하는 대신에 '질문'을 던짐으로써 민주주의에 기여하는 측면이 있다.[78] 질문으로 남을 때 음모론은 비판의 교두보가 될 수 있다. 그러나 답변이고자 과욕을 부리면 그것은 더 이상 비판이 아니라 망상이 된다. 도그마가 된다. 독백하는 신념 체계가 된다.[79]

제 잇속만 차리는 민간 집단이나 정치 행동가들은 가용성 휴리스틱과 확률 무시를 이용해 잘못된 두려움을 조장하려고 애쓴다. 따라서 정책 당국은 골수 음모론자들이 만들어내 강화시키는 음모론의 인지적 순환 고리를 끊을 수 있는 조치를 과감하게 취해야 한다.[80] 그렇지 않고서는 음모론자들이 초래하는 엄청난 사회적 비용을 국가가 반복적으로 감당하기란 매우 힘들기 때문이다.

선스타인은 "정부 요원과 협조자들이 온라인 소셜 네트워크, 심지어는 현실 공간의 집단들 속으로 파고들어 음모론자들의 사실에 입각한 전제, 인과 논리, 정치적, 비정치적 행동에 대해 의문을 제기함으로써 음모론이 약화되도록 시도해야 한다"[81]고 주장한다. 다소 과격하게까지 들리는 주장인데 음모론이 만들어내는 '인지적 순환 고리'가 그러한 특단의 조치를 정당화할 만큼 심각하다고 여기고 있는 것이다. 그가 제안하는 한 가지 방법은 정부 요원이 국가 기관에 소속되어 있음을 공공연히 알리거나, 적어도 숨기려고 노력하지 않고 음모론 집단에 침투하는 것이다. 정부 관료가 익명이나 거짓 신분으로 음모론 집단에 침투하는 방법도 있지만, 이는 윤리적 문제를 제기하므로 이례적인 상황을 제외하고는 사용해서는 안 된다고 그는 주장했다.

감정이란 꼬리는 합리적인 개의 몸통을 흔들기 쉽다. 감정 휴리스틱은 현실보다 훨씬 더 정돈된 세상을 창조함으로써 우리의 삶을 단순화시킨다. 그러나 그 단순화에 따른 비용을 바라볼 수 있어야 한다. 훌륭한 의사가 되려면 많은 질병에 대한 지식을 갖춰야 한다. 정치 지도자는 꼬리가 몸통을 흔들 수도 있는 불균형의 기제를 이해하고 이를 극복할 역량을 갖춰야 한다.

호메로스(Homeros)의 서사시 《오디세이아(Odysseia)》에서 오디세우스(Odysseus)는 사이렌의 유혹을 도저히 거부할 수 없음을 알자 부하들에게 외친다.

"그대들은 돛대를 고정하는 나무통에 똑바로 선 채 그 자리에서 꼼짝하지 못하도록 나를 고통스러운 밧줄로 묶고 돛대에 내 밧줄의 끄트머리들을 매시오. 그리고 내가 그대들에게 풀어 달라고 애원하거나 명령하거든 그때는 그대들이 더 많은 밧줄로 나를 꽁꽁 묶으시오."[82]

과연 사이렌이 다가왔고 참을 수 없는 유혹의 언어들을 쏟아낸다. 오디세우스는 사이렌의 목소리를 듣고 싶었고 부하들에게 풀어 달라고 눈짓했다. 하지만 부하들은 그를 더 많은 밧줄로 꽁꽁 묶었고 그의 귀엔 밀랍을 꽉 채웠다.

오디세우스는 스스로 감정 휴리스틱에 쉽게 빠질 수 있는 인간임을 겸허히 인정했다. 그리고 그 토대 위에서 선제적인 대응책을 마련했다. 밧줄이 몸통을 조여올 때는 뼈아팠겠지만 그는 질병에 대한 많은 지식을 가진 의사처럼 그런 예방 조치가 자신과 부하들을 궁극적으로 지켜줄 것임을 알았다. 유혹의 언어가 몸통을 뒤흔들 상황을 그는 미리 예견했고 타개책을 준비한 것이다.

유의선 등[83]은 안심과 불안 그리고 지식의 보유 여부에 따라 사회 유형을 넷으로 구분했다. 안전 대상에 대한 지식이 부족해 불안한 '무지형 불안 사회', 지식을 소유하고 있지 않지만 안심하는 '무지형 안심 사회', 지식을 소유하고 있지만 불안한 '능동형 불안 사회' 그리고 지식을 소유하고 안심하는 '능동형 안심 사회'가 그것이다. 궁극적으로 우리가 지향할 사회는 '능동형 안심 사회'이며 감정이라는 꼬리에 휘둘리지 않고 몸통을 지켜내는 지혜가 필요하다.

일본처럼 막대한 사회적 비용을 지불하더라도 국민을 안심시키기 위해 전수 조사를 하는 것이 옳은 정책인가, 아니면 위험을 '허용 가능한 수준'으로 제어하는 것을 안전이라 간주하고 적절한 허용 가능 리스크 수준을 정립하는 것이 옳은 정책인가. 이런 질문에 대해 진지하게 토론하고 방향을 설정할 수 있을 때 비로소 선진 사회라 할 수 있을 것이다.

한국 사회는 새로운 전환기를 맞고 있다. 사회의 불균형을 균형으로 재빨리 되돌릴 수 있는 건강한 복원력을 회복하려면 새로운 패러다임이 필요하다. 그러기 위해 먼저 불균형을 잉태할 수밖에 없는 다양한 우리 사회 비대칭성에 대한 심각한 자성과 고찰이 선행되어야 할 것이다.

광우병 촛불집회의
전개 과정

2008년 5월부터 8월 중순까지 진행된 미국산 쇠고기 수입 재개를 둘러싼 촛불집회는 그 규모와 성격 그리고 전개 과정에 있어서 이전의 집회나 시위와는 상당한 차이를 보였다. 우선 규모 면에서 광우병 파동 촛불집회는 106일 동안 2,398회의 집회에 연인원 93만 2천 명이 참가(검찰 추산), 1987년 민주항쟁 이후 최대 수준이었다. 아울러 10대 중고생과 가족 단위의 참여자들이 눈에 띄게 많았으며 이슈 또한 광우병 위험이라는 국민의 건강과 생활에 직결된 주제가 국민적 관심사로 떠올랐고 관련 정보의 생산과 유통 그리고 확산에 있어서 인터넷과 방송이 주요 통로가 되었다는 점에서 매우 이례적인 사건으로 기록된다. 광우병 파동 촛불집회의 전개 과정을 시간 순으로 살펴보자.[84]

미국산 쇠고기 수입이 재개되다

미국에서 광우병이 발생함에 따라 2003년 12월 27일을 기해 전면 금지되었던 미국산 쇠고기 수입이 2006년 9월 8일 재개되었다. 같은 해 1월 13일 한 · 미 양국이 수입 위생 조건 개정에 합의한 지 8개월 만의 일이었다. '30개월 이하의 뼈를 제거한 고기' 라는 조건으로 수입이 재개된 미국산 쇠고기는 그러나 출발부터 순탄치 않았다. 수입 재개 이후 최초로 국내에 반입된 쇠고기에서 뼛조각이 발견되어 반송·폐기 조치를 받은 후 연이어 세 차례에 걸쳐 반입된 쇠고기가 모두 불합격 판정을 받은 것이다.

이에 대해 미국 측은 "뼛조각이 광우병을 유발하는 위험 물질이 아님에도 뼛조각이 발견됐다는 이유로 한국이 미국산 쇠고기의 수입을 전면 중단하는 것은 부당하다"면서 검역 기준의 완화를 계속 요구했고 이에 따라 한국 정부는 2007년 3월 8일 뼛조각이 검출된 상자만 불합격시키는 등의 검역 보완 조치를 취하게 된다. 이어 2007년 4월 2일 타결된 한·미 FTA 협상을 통해 미국이 OIE로부터 비교적 안전한 국가에 해당하는 '광우병 위험통제국'의 판정을 받을 경우, 한국은 뼈 있는 미국산 쇠고기도 수입하는 것으로 합의했고 현행 40%인 미국산 쇠고기 관세를 협정 발효 후 15년에 걸쳐 단계적으로 폐지하기로 했다. 아울러 수입이 급증하면 일시적으로 수입을 제한할 수 있는 세이프가

드(Safeguard)를 도입하도록 합의했다.

미국 '광우병 위험통제국' 지위 획득
—

2007년 5월 25일 미국은 OIE로부터 '광우병 위험통제국' 지위를 획득함에 따라 합의 사항인 수입 위생 조건의 개정을 요청했다. 그러나 2006년 뼛조각 발견에 이어 2007년 8월 2일 특정 위험 물질(SRM, 30개월 이상 기준)인 등뼈(척추)가 발견되어 수입이 일시적으로 중단되는 등 우여곡절을 겪게 된다.

정부는 등뼈가 포함된 것이 '일회성 사고'라는 미국의 해명을 결국 받아들였다. 그리고 같은 해 8월 24일 수입을 재개했지만 9월 6일 미국산 쇠고기에서 수입이 금지된 갈비뼈가 잇따라 발견되었고 10월 5일에는 등뼈가 다시 발견되면서 수입 검역과 수출 선적이 전면 중단되었다.

쇠고기 협상 테이블에 마주앉은 양국, 결과는?

——

'30개월 이하의 뼈를 제거한 고기'라는 기존 쇠고기 수입 위생 조건 개정을 협의하기 위해 '1차 한·미 전문가 기술협의'가 2007년 10월 11일부터 12일까지 개최되었다. 미국의 광우병 통제 지위 변경에 따른 후속 협의의 성격을 갖는 협상이었다. 그러나 양측은 월령 제한 여부와 SRM의 범위 등에 있어서 입장 차이를 좁히지 못했다. 그리고 협상의 이면에는 국내 정치 역학이 강하게 작용하고 있었다. 즉 노무현 정부와 당시 여당이었던 대통합민주신당(전신은 열린우리당)은 이 협상이 그 결과에 따라 곧 다가올 대선과 총선에 엄청난 파장을 불러일으킬 수 있다는 점을 충분히 파악하고 있었다. 따라서 이들은 우리 협상단 측에 일체의 양보 없는 강경한 자세를 주문했고 그 결과 양측은 접점을 찾는 데 실패한 것이다.

이후 대선에서 승리한 이명박 정부가 2008년 2월

25일 공식 출범했고 미국 측의 요청에 따라 같은 해 4월 11일부터 18일까지 '2차 한·미 전문가 기술협의'가 개최되었다. 전년도에 열린 1차 기술협의회는 국장급이 수석대표였으나, 2차에서는 차관보급으로 격상해 민동석 농업통상정책관과 엘렌 텁스트라(Ellen Terpstra) 미 농무부 차관보가 협의를 추진했고 양측은 수입 위생 조건 합의에 이르렀다.

주요 내용은 한국이 우선 30개월 미만 소에서 생산된 갈비 등뼈 포함 쇠고기 수입을 미국에 허용하고, 2단계로 미국이 2007년 5월 '광우병 위험통제국'으로 평가받을 당시 OIE가 광우병 교차 오염 방지를 위해 권고한, '강화된 사료 조치'를 공포할 경우 OIE 기준에 따라 30개월 이상의 소에서 생산된 쇠고기도 수입을 허용키로 했다. OIE 기준에 따라 30개월 이상 소에서 7개(편도 및 회장원위부, 뇌, 눈, 머리뼈, 척수, 등뼈), 30개월 미만 소에서 2개(편도 및 회장원위부)의 특정 위험 물질을 제거하면 30개월 이상의 쇠고기나 뼈 있는 쇠고

기 등도 수입할 수 있게 된 것이다. 그리고 협상 후 1
주일도 채 안 된 4월 24일 미국이 '강화된 사료조치'
를 공포함에 따라 30개월 이상의 쇠고기도 수입이 가
능하게 되었다.

그러나 협상 직후 일부 시민사회단체들의 반발이
시작되었다. 협상이 한국 총선(4월 9일) 이후에, 그것도
한 · 미 정상회담 하루 전인 18일 새벽 정치 일정에 맞
춰 급하게 타결됐다는 점과 협상의 결과가 미국 의회
의 한 · 미 FTA 비준을 얻어내려는 이명박 대통령의
의중이 반영된 것이라는 점이 비난의 주요 내용이었
다. 이들 시민사회단체들은 '이명박 대통령이 한 · 미
FTA 체결을 위해 국민의 건강과 안전을 포기했다' 며
'쇠고기 전면 수입 결정을 즉각 철회해야 한다' 고 주
장했다. 특히 WTO SPS 협정상 보장된 검역 주권을
양자적으로 포기한 것과 광우병 우려가 큰 30개월 이
상의 쇠고기 개방에 대한 2단계 조치가 미국이 강화된
동물사료 금지 조치를 '시행' 하는 시기가 아닌 관보

에 '게재'하는 시기라는 점, 그리고 한국 정부 측의
사료 강화 조치에 대한 몰이해 등이 문제점으로 지적
되었다.

촛불, 타오르다

—

쇠고기 협상에 대한 논란과 식품안전성에 관한 우려의
목소리가 시민사회단체를 중심으로 커지는 가운데
2008년 4월 29일 MBC 〈PD수첩〉은 '미국산 쇠고기,
과연 광우병에서 안전한가?'라는 제목으로 광우병의
위험성을 지적하는 방송을 내보냈다. 영문 오역과 왜
곡 그리고 과장으로 얼룩진 방송임이 방송통신심의위
원회 조사 결과와 법원의 결정으로 뒤늦게 밝혀졌지만
이 방송은 많은 국민들에게 '미국소=미친 소=광우병
소'라는 인식을 심어준 결정적 계기가 되었다. 〈PD수
첩〉의 주요 내용은 다음의 아고라와 같은 인터넷 커뮤

니티와 블로거들에 의해 온라인상으로 빠르게 번져나 갔고,[85] 한겨레와 경향신문 등 일부 언론이 이 같은 주 장에 적극 동조함으로써 인간 광우병에 대한 우려가 전국적으로 확산되었다. 그리고 5월 2일 첫 촛불집회 (경찰 추산 약 1만 5천 명 참여)가 시작된 것이다.[86]

촛불집회가 중점적으로 발생한 시기는 5월 초에서 6월 말까지 약 두 달간으로 볼 수 있다. 최초 집회는 인터넷 카페 '2MB 탄핵투쟁연대'의 주최 하에 열렸 다. 그리고 예상 밖의 호응에 고무된 주최 측은 1,700 여 개 시민사회단체(광우병 국민대책회의 자체 주장임. 회원 과 임원들이 대부분 중복 등록된 단체가 많음)와 연합해 '광 우병위험 미국 쇠고기 전면수입을 반대하는 국민긴급 국민대책회의'(이하 광우병 국민대책회의)를 5월 6일 공식 출범시켰고, 5월 9일부터 촛불집회는 전국적으로 확 산되었다. 장관고시 철회와 재협상을 촉구하는 촛불집 회는 이후에도 지속되었고 5월 20일 1차 추가 협상의 결과가 언론에 발표되고 이어 22일 이명박 대통령이

대 국민 담화문을 발표했지만 촛불은 사그라지지 않았다. 1차 추가 협상 결과에 대한 불만과 정운천 농식품부 장관 해임건의안이 부결되자 24일 시위는 도로 점거와 밤샘 시위로 확대되었고 경찰은 도로 시위자들에 대한 연행을 시작했다. 이 시점부터 시위 참가자 대다수가 쇠고기 협상 문제를 넘어 이명박 정권에 반대하는 구호를 외치는 등 시위 내용이 정치색을 띠기 시작했다. 수입 위생 조건 고시확정안이 발표되고 관보 게재를 의뢰하자 5월 31일 대규모 집회(경찰 추산 4만 명 참가)는 폭력적으로 변했다. 경찰은 처음으로 살수차를 사용, 228명을 연행했다. 그리고 이날 서울대 음대 여학생이 전경에 짓밟히는 '군홧발 폭행 사건'이 발생하면서 시위대는 세력을 더욱 확장하게 되었다.

광우병 국민대책회의는 6월 5일부터 재협상을 촉구하는 '72시간 릴레이 국민행동'(경찰 추산 연인원 12만 명 참가, 쇠파이프와 각목 등장)을, 6월 10일에는 '6·10 100만 촛불대행진'(경찰 추산 서울 8만 명, 전국 14만 명/주최 측

추산 서울 70만 명, 전국 100만 명)을 개최했다. 결국 2008년 6월 14일부터 20일까지 한·미 통상장관회담의 개최를 통해 30개월 이상 쇠고기 수입 중단 등 3개안에 대한 2차 합의가 이뤄졌고 정부는 6월 26일 미국산 쇠고기 수입 조건을 고시하고 관보에 게재했다.

추가 협의 중 절정에 달한 촛불

—

추가 협의 배경

정부는 2008년 5월 19일 1차 추가 협의를 통해 수출용이든 내수용이든 관계없이 미국 규정에 따라 SRM 제거, WTO SPS 협정에 따라 국민 건강 보호를 위해 각국이 취할 수 있는 조치의 권리를 인정함을 확인했다. 그러나 계속되는 촛불집회와 시위, 민주사회를 위한 변호사 모임(민변) 주도의 10만여 청구인단의 고시 무효 소송 제기(2008년 12월 26일 헌법재판소 고시 합헌 결정)

등 반대 세력의 압박에 견디지 못한 정부는 6월 3일 미국에 30개월령 이상의 쇠고기에 대한 수출 중단을 요청하고, 이에 대한 미국의 답변이 올 때까지 당초 6월 3일 예정이었던 고시의 관보 게재를 연기하겠다고 발표했다. 이어 6월 7일 한·미 양국 정상의 전화통화가 있었고 6월 9일 한국대표단이 쇠고기 협의를 위해 방미했으나 촛불은 확산되어 6월 10일 전국적으로 절정에 달했다.

추가 협의 내용

한국은 6월 14일~20일 미국 측과 통상장관회담을 개최, 2차 추가 협의를 통해 다음과 같은 합의 내용을 발표했다. 우선, 미 정부가 보증하는 '한국 수출용 30개월령 미만 증명 프로그램(일명 '한국 QSA')' 운영을 통해 국민적 우려가 제기되었던 30개월령 이상 미국산 쇠고기 수입을 차단했다. 또한 국내 검역 및 미국 도축장 현지 점검 시 한국 정부의 검역 권한을 보다 강화했고, 문제가 되어온 4개 부위(뇌, 눈, 척수, 머리뼈)를 SRM 범위와 무관하게 수입을 차단했다. 한·미 쇠고기 추가 협상 결과를 반영한 수입 위생 조건에 대한 새로운 장관 고시는 6월 26일 관보에 게재되었고, 제한된 매장에서만 판매되어오던 미국산 쇠고기는 2008년 11월 27일부터 대형 유통업체가 나서면서 판매가 본격화되었다.

촛불집회, 어떻게 전개되었나?
—

52번 째 촛불집회이자 '6·28 반민주정권 심판 범국민대회' 집회는 초반부터 격렬한 양상을 띠었다. 6월 10일 이후 최대 인파가 운집(경찰 추산 2만 명/주최 측 20만 명)했다는 28~29일 하룻밤 사이 시위대 측은 300~400명이, 경찰 측도 112명의 부상자가 나오는 등 피해가 컸다. 이에 따라 정부는 6월 29일 "과격·폭력 시위를 조장·선동한 자나 극렬 폭력 행위자를 끝까지 추적·검거해 엄정하게 사법처리할 방침"이라며 "파괴된 기물 등으로 인한 피해에 대해서는 민사상 손해배상도 청구하겠다"고 밝혔다. 이는 초반의 평화적이었던 촛불집회가 소수 주도의 과격·폭력 시위, 조직적 깃발 시위로 변해간 것에 따른 방침이었다.

이 시점 이후 촛불집회는 특정 단체의 회원들이 폭력 시위를 주도하며 기존의 대규모 동원보다는 게릴라성 시위 형태로 변화했다. 그러자 6월 30일~7월 2일 천주교정의구현전국사제단 주최 시국미사 및 평화행진 개최, 7월 3일 기독교계 시국기도회 개최, 7월 4일 불교계 시국법회 개최 등 종교단체들이 가세하며 비폭력 시위를 이어갔으나 진정 국면으로 접어들던 촛불집회가 종교단체의 등장으로 사태가 다시 악화되는 게 아니냐는 우려와 함께 7월 7일 종교계 측에서 촛불집회 참가를 잠정 중단했다. 이어 7월 7일 촛불집회를 주도해온 광우병 국민대책회의는 기자회견을 통해 "향후 평일 촛불집회는 각 부문 단체들이 다양하고 창조적인 방식으로 주관하고 국민대책회의는 주말과 공휴일 집회에만 집중하게 된다"며 "평일 촛불집회는 더이상 개최하지 않기로 했다"고 밝혔다. 이어 "정부의 어떠한 탄압에도 촛불은 꺼지지 않을 것이며 재협상을 위해 불매 및 유통 저지 등 '미국산 쇠고기 제로 운동'을 추진하기로 결정했다"고 덧붙였다. 이런 조치는 폭력 시위에 대한 일반 시민들의 외면과 자발성이라는 최초의 동력이 점차 힘을 잃어가는 상황에서 이뤄진, 주최 측의 불가피한 전략적 선택으로 판단된다.

촛불, 잦아들다

5~6월 촛불집회는 5월 2일을 시작으로 정부의 쇠고기 협상 무효화, 재협상 촉구, 고시 반대 등의 의제를 위주로 다수의 국민들이 참여했다. 학생부터 직장인, 주

부들까지 가세하며 저마다 목소리를 내고 있었다. 하지만 6월 10일 이후 촛불집회는 '대정부 투쟁'으로 치달았다. 어느새 쇠고기 반대 구호와 피켓들 속에는 '이명박 OUT', '대운하 반대', '민영화 반대' 등 정권 퇴진의 내용과 대통령의 전반적인 공약과 정책들에 대한 반대 내용이 들어가기 시작하면서 쇠고기 협상 문제에 이명박 탄핵을 위한 안티테제가 추가되었다. 하지만 6월 10일 이후 촛불집회를 반대하는 여론의 목소리가 커졌고 7월 이후에는 전체 대오를 집중시킬 초점을 상실함에 따라 대규모 시위는 사라지게 되었고 소규모 시위를 끝으로 8월 중순 대단원의 막을 내리게 되었다. 이후에는 광우병 국민대책회의의 미국산 쇠고기 불매 운동만이 단발성으로 전개되었다.

촛불집회 주도 단체와
캠페인 방식

주요 시민사회단체

촛불집회를 주도한 광우병 국민대책회의 참여 주요 시
민사회단체들은 다음과 같다.

한미 FTA 저지 범국민운동본부(광우병 국민감시단)
한 · 미 FTA에 반대해 각 분야별로 구성된 영화인대책위, 농축산대책위, 교수학술공대위, 시청각미디어대책위와 노동계, 법조계, 환경운동계, 여성계, 금융계 단체 등 모두 270여 개 단체가 모여 2006년 3월 28일 '한미 FTA 저지 범국민운동본부'를 발족했다. 이후 한·미 FTA 전반에 걸친 반대 운동 활동을 해왔으며 네이버 카페 '미소죽임'을 통해 감시단을 꾸준히 모집해 2007년 6월 12일 '광우병 국민감시단'을 발족시켰다. 광우병 국민감시단은 참여연대, 다함께, 환경정의 등의 단체가 포함되었으며 국민의 건강을 위해 광우병 위험 미국산 쇠고기 수입의 즉각 중단, 모든 쇠고기의 이력 추적제의 법제화, 식육고기에 대한 원산지표시제 전면 확대 시행을 목표로 2008년 5월 3일 제2차 촛불집회를 주도하기도 했다.

광우병 반대시민연합(국민주권수호연대, 국수련)

2007년 8월 '소말리아 피랍 선원을 위한 시민모임(소선모)'으로 활동을 시작했다. 2008년 1월 한반도 대운

하를 저지하기 위한 '대운하반대 시민연합(대반련)'으로 활동하다가 '국민주권수호연대'로 이름을 바꾼 후 의료 민영화 반대, 광우병 반대, 공기업 민영화 반대 활동을 추가해 시민과 인터넷 시민사회단체의 연대체로서의 통합 활동을 시작했다. 일반 시민이 운영자로 개설한 단체지만 무브온21(전 노하우21, 전 노무현 대통령 정부 지지자들이 활동하고 있는 인터넷 사이트) 블로그 회원들의 참여가 확대되면서 이명박 정부의 정책 탄압 및 미국산 쇠고기 수입 저지에 적극적으로 활동하는 양상을 보였다.

정책반대 시위연대

2008년 4월 23일 인터넷 카페를 개설해 '실질적 시위를 하는 것'을 목적(홈페이지 소개글 참고함)으로 진보연대, 민주노총, 전국교직원 노조, 전국농민회총연맹, 참여연대, 2MB 탄핵투쟁연대 등 50여 개 단체들이 활동했다. 특히 5월 2일 시작된 제1차 촛불집회는 '정책반대 시위연대'의 지속적인 홍보 활동(임의 문자전송 및 이메일 발송)으로 이뤄진 것이라고 판단된다. 5월 1일 노동절 행사에는 민주노동당 학생위원회가 대학로에서 '실천'이라는 내용으로 홍보 활동을 한 바 있으며 전국학생위원회, 서울 학생위원회, 각 학교 학생위원회가 참여해 광우병 쇠고기 수입 반대 서명운동과 유인물 배포 활동을 했다. 당시 유인물은 2,000장 이상 유포됐으며 400명 이상의 시민이 서명했다(정책반대 시위연대 추산). 그러나 촛불집회 및 진압 과정의 폭력 사태, 관련자 구속 등의 이유로 2008년 8월 25일 오프라인 활동으로 전환한다는 공지와 함께 홈페이지 활동을 중단했다.

다함께

민주노동당 당내 그룹으로 활동하는 사회운동단체로 FTA는 단지 무역에 대한 것이 아니라 상품화와 시장화를 경제 전체에 강요하려는 것으로 대량 실업, 비정규직 증대, 식품안전 위협, 환경 파괴, 공공 서비스 후

퇴 등으로 대중의 삶을 위협한다는 주장 아래 한·미 FTA 저지 운동을 펼쳤다. 2008년 5월 이후 확대된 촛불집회에 주도적으로 나서며 자발적으로 모인 시민들을 정치집회로 이끈 단체로 알려졌다.

광우병 대학생 대책위

2008년 5월 12일 광우병 국민대책회의 주도로 이동현(한대련 대외협력 담당)을 중심으로 38개 대학, 22개 단체의 참여로 발족했다. 광우병 대학생 대책위는 교내 토론회 개최로 미국산 쇠고기 수입 반대 운동을 펼쳤으며 학교식당에 광우병 미국산 쇠고기 다 들어오지 않게 하자는 '광우병 안전지대' 선언 운동을 펼쳤다. 2008년 5월 16일 '대학생 행동의 날'을 연 후 지속적으로 촛불집회에 참여했다.

광우병 기독교 대책위

'한국기독학생회총연맹'에서 발족한 미국산 쇠고기

수입 반대를 지지하는 종교단체로 촛불집회 및 기도회를 통한 활동을 벌였으며 주로 과잉 진압과 인권 문제 등을 다뤘다. 특히 2008년 8월 14일 한상렬(한국진보연대 상임대표) 목사가 연행 및 구속된 이후로 기독단체의 집회 규모가 커졌다.

방송장악 · 네티즌 탄압 저지 범국민행동

2008년 7월 24일 기자회견을 통해 5백여 시민사회단체들로 구성된 '방송장악 · 네티즌 탄압 저지 범국민행동(범국민행동)'의 발족식을 갖고 공식 출범했다. 발족 기자회견에는 오종렬(한국진보연대 상임대표), 백기완(통일문제연구소 소장), 이수호(민주노동당 재창당혁신위원장) 등 진보 인사들과 심상정(진보신당 공동대표), 정연우(민언련 상임대표), 최승국(녹색연합), 양승동(PD연합회장), 허영구(민주노총) 등 각계 인사 50여 명이 참여했다. 범국민행동은 발족선언문을 통해 쇠고기 졸속 협상의 실상과 광우병의 위험을 알린 MBC 〈PD수첩〉을 '거짓방송'

으로 몰기 위해 정부가 방송통신심의위원회와 검찰을 동원해 방송 장악을 꾀한다는 입장을 표명했다. 이후 7월 25일 범국민행동이 주최한 촛불집회가 열렸으며 8월 22일 조·중·동 광고기업 불매운동 범국민 선포식을 갖기도 했다.

국민건강을 위한 수의사연대

'2006년 12월 19일 광우병 위험 미국산 쇠고기 수입 중단 시국선언'을 통해 광우병 수입 재개 반대 활동을 시작했다. 주로 미국산 쇠고기의 인간 광우병 발병 위험이나 과학적 근거를 증명하는 연구 결과 및 사설 등을 게시하는 활동을 해왔으며 광우병 국민대책위의 발족 이후 자문위원회로서 활동을 시작했다. 국민건강을 위한 수의사연대가 제시하는 이론이나 정보는 다른 의사그룹의 평가와 큰 차이를 보이기도 했다.

캠페인 수단

각 시민사회단체들은 다음의 다양한 수단을 적극적으로 그리고 효과적으로 활용해 각 단체들의 입장을 표명했다.

국민선언(서명운동, 성명서 제출)

광우병 위험 미국산 쇠고기 수입 반대 요구 사항, 즉 광우병 위험 쇠고기 수입 무효화 및 재협상, 협상책임자 파면[정운천 농림부 장관, 민동석 한미쇠고기협상대표, 어청수 경찰청장(촛불집회 폭력 진압이라는 주장 이후)], 정부 고시 강행 저지, 광우병 예방을 위한 특별법 제정 중심으로 시민들의 서명운동을 전개했다. 네티즌, 학부모, 청소년, 지역 주민 등 각계각층의 선언문을 청와대, 국회에 공식적으로 제출하고 모금 운동 공식계좌를 통한 모금 운동으로 쇠고기 수입 반대 운동을 위한 재원으로 활용했다.

촛불문화제 및 국민대회

각 시민사회단체는 인터넷 및 유인물 등을 이용한 홍보 활동(광우병 국민대책회의의 경우 '일일브리핑'이라는 일간 보고서로 전국 각 지역 촛불집회 일정을 구체적으로 홍보)을 통해 '촛불문화제'를 주최했다. 2008년 5월 2일 제1차 촛불집회를 시작으로 같은 해 8월 15일 제100차 촛불집회를 거쳐 일일 촛불집회를 추진했으나 100차 이후 격일 또는 일주일 단위의 촛불집회가 진행되었다. 특히 촛불집회 중 규모가 큰 시민사회단체들이 공급한 통일된 피켓, 플래카드, 기타 집회에 쓰인 아이템 등의 사용과 마이크, 스피커, 무대 등의 설치로 '정치색 짙은 집회를 반대'하는 여론의 역풍을 맞기도 했다.

기자회견 및 토론회

광우병 국민대책회의는 2008년 5월 6일부터 총 43회의 기자회견과 2회의 토론회를 가졌으며 사건별로 입장을 표명했다. 기타 다른 단체들 역시 기자회견을 통해 공식적으로 입장을 표명했다.

불매운동

각 시민사회단체들은 어린이집, 초/중/고등학교, 대학식당, 병원, 사내 식당 등 대형 급식소에서 '광우병 위험 안전지대' 선언 운동을 펼쳤다. 이를 위해 어린이집 학부모, 학교운영위원, 대학총학생회, 노동조합 등을 중심으로 미국산 쇠고기 불사용, 광우병 위험 안전지대선언 참여 운동을 확대해나갔다. 광우병 안전지대선언 참여 업체 등을 대상으로 각 인증상징물(스티커 등)을 제작해 부착하기도 했다. 5월 중 미국산 쇠고기 최초 선적분이 도착하는 항만을 중심으로 하역, 유통을 저지하기 위한 국민 행동을 계획했으며 항운노조, 운수노조, 지역 단체 등 협력을 통해 해역 및 유통 봉쇄에 역량 결집을 계획하기도 했다.

캠페인

꾸준한 모금 활동을 통해 모은 자금으로 신문지 지면 광고, 유인물 제작 및 배포, 광우병 안전 지침(가이드) 배포, 현수막 제작, 티셔츠 제작, 노래 제작 등과 인터넷을 통한 배너광고 유포 등의 캠페인을 벌였다.

주요 인물

쇠고기 사태를 주도한 시민사회단체는 광우병 국민대책회의로 참여연대와 한국진보연대를 중심으로 2008년 5월 6일 발족했다. 국민대책회의 발족 시 참여연대, 한국진보연대, 한국여성민우회, 국민건강을 위한 수의사연대, 광우병국민감시단, 정책반대 시위연대, 한미 FTA 저지 범국민운동본부, 민언련 등의 시민사회단체들과 민주노동당, 진보신당, 창조한국당의 정당, 21세기 한국대학생연합(광우병 대학생 대책위)의 학

생단체, 다함께(대표 김광일), 미친소닷넷(대표 백성균) 등의 인터넷 단체, 예수살기, 한국기독학생회총연맹(광우병 기독교 대책위), 한국YMCA전국연맹 등의 종교단체 등이 참여했다.[87]

참여 인사로는 박석운 한국진보연대 상임운영위원장을 대표로 김민영(참여연대 사무처장, 2007년 3월 참여연대 사무처장 취임), 박상표(국민건강을 위한 수의사연대 정책국장), 우석균(보건의료 단체연합 정책실장), 김연순(여성민우회 생협 이사장), 임태훈(인권법률팀장) 등을 들 수 있다. 광우병 국민대책회의가 공개한 자료집의 참여단체 명단을 참고한 결과 쇠고기 수입 반대 운동에 가담한 비교적 큰 규모의 단체들은 대부분 광우병 국민대책회의에 속해 있으면서 다른 시민사회단체에 중복 소속되어 있었다. 참여 회원들도 마찬가지였다. 특히 한상렬 목사와 오종렬[88] 한국진보연대 공동대표 등은 광우병 국민대책회의와 한미 FTA 저지 범국민운동본부를 통해 기자회견 및 토론회 등의 개최를 적극 주도했다. 그 밖에

박원석 참여연대 협동사무처장과 한용진은 광우병 국민대책회의 공동상황실장으로 활동했으며 김동규 한국진보연대 정책국장은 조직팀장으로 활동했다. 광우병 대학생 대책위 대표로는 강민욱(광운대 총학생회장) 한대련 대표가 활동했다.

언론사 보도 내용 및
인터넷 사이트

광우병 파동을 둘러싼 주요 언론사들의 입장은 한·미 FTA 보도의 연장선상에서 이해할 수 있다. 사회적 현상이 각 언론사의 보도 방향이라는 스펙트럼을 거쳐 굴절된 형태로 독자에게 전해지고 읽혀졌다.

조·중·동 vs. 한겨레·경향

주요 일간지들은 보도 방향에서 양쪽으로 극명하게 엇 갈렸다. 동아일보는 협상이 끝난 직후부터 협상에 반 대하는 움직임을 반미주의로 규정해왔다. 5월 5일에 는 사설을 통해 이번 광우병 논란이 반미주의적인 친 북, 좌파 단체들에 의한 "국민을 현혹하는 선동"이라 고 주장했다. 조선일보는 2008년 5월 2일 'TV 광우병 부풀리기 도를 넘었다'라는 제목의 사설을 게재하면 서, 광우병 관련 논란을 '광우병 괴담'으로 규정하고, 〈PD수첩〉의 방송 내용은 과장된 것이라고 했다. 이후 에도 조선일보는 미국산 쇠고기의 광우병 위험이 과학 적으로 검증된 것이 아니며, 야당과 일부 시민사회단 체가 과학적인 정부의 협상 내용을 정치논리로 무력화 하고 있다고 주장했다. 중앙일보는 미국산 쇠고기 수 입 협상 반대 집회가 처음으로 벌어지던 때에는 과학 적으로 광우병 위험이 검증된 바 없다는 기사를 실었다. 5월 5일에는 집회 참가자의 60%가량이 청소년이며, 일부 연예인들이 청소년에게 감정적인 자극을 하고 있다는 보도를 했다.

반면 한겨레 · 경향신문은 MBC 〈PD수첩〉과 보도의 궤를 같이하면서 광우병의 공포에 관한 다양한 기사를 연일 게재했고 '정부가 민심을 제대로 읽지 못하고 있다'며 청와대를 비판했다. 경향신문은 사설을 통해 '쇠고기 파동이 괴담에서 비롯된 것이라고 여긴다면 민심의 분별력을 과소평가한 것'이라며 추가 협상으로는 안 되고 재협상을 반드시 관철시켜야 한다고 주장했다. 한겨레신문은 '쇠고기 장관고시는 위헌이다'라는 제하의 사설을 통해 왜 고시가 위헌인지를 자세하게 설명하고 헌법재판소의 신속한 판단을 촉구했다. 아울러 '1987년 6 · 10 민주화 항쟁이 21돌을 맞아 촛불혁명으로 승화되길 바란다'고 주장했다. 한겨레 · 경향신문의 이 같은 보도 내용은 조 · 중 · 동과는 달리 촛불집회 기간 동안 네티즌들의 관심을 모았으며

이에 따른 홈페이지의 접속 빈도수 증가와 광고의 증
가로 이어졌다.[89] 한국일보는 경향신문이나 한겨레와
유사한 논조였지만 상대적으로 소극적인 입장을 견지
했다.

방송 3사

MBC, KBS, SBS 등 공중파 방송사는 주요 신문사들의
판이한 입장 차이와는 달리, 쇠고기 협상과 관련된 문
제에 대해 비교적 공통된 입장을 보였다. 특히 적극적
이었던 MBC는 〈뉴스데스크〉에서 미국산 쇠고기의 위
험성을 이틀 연속 집중취재 리포트로 보도했다. 또한
현재의 의학 기술로는 죽어서 뇌를 부검해봐야 광우병
에 걸렸는지 알 수 있다며 인간에게 없던 병이 생긴 것
자체가 대재앙의 시작일 수 있다고 경고했다. 그리고
쇠고기 사태를 직접적으로 촉발시킨 2008년 4월 29

일, 5월 13일 두 차례 방송된 〈PD수첩〉에서는 광우병
의 위험성을 집중 보도해 큰 파장을 불러일으켰다.

KBS는 2008년 5월 13일 〈시사기획 쌈〉에서 '광우
병 민심(民心) 어디로 가나?' 라는 제목으로 쇠고기 문제
를 다뤘으며, 우리나라의 쇠고기 관리 및 한우의 안전
성에 대해서도 문제를 제기했다.[90] 〈뉴스9〉에서도 4월
24일 '약속만 믿고 개방' 에서 미국은 뇌와 척수를 뺀
다른 부위는 여전히 가축 사료로 쓸 수 있게 하고 30개
월 미만 소는 뇌나 척수까지도 사료로 쓰는 것을 허용
했다며, 다른 나라들이 광우병 위험을 이유로 금지하
고 있는 부위들마저 우리나라로 대량 수입될 우려를
낳고 있다고 보도했다. SBS는 4월 25일 〈뉴스8〉 '쇠고
기 안전 혼란' 에서 광우병 병균체는 끓여도, 묻어도 죽
거나 사라지지 않는다며 최장 40년이라는 잠복기 동안
주변에 전염까지 시킬 수 있는 무서운 질병이지만 치
료약은커녕 실체조차 밝혀지지 않은 상태임을 언급했
다. SBS는 "미국산 쇠고기가 전면 개방되면 광우병 위

험이 얼마나 있는지, 좋아하는 소머리국밥이나 곱창을 계속 먹어도 되는지, 정부의 명확한 설명은 없고 국민들은 혼란스럽기만 하다"면서 정부의 안일한 태도를 연일 비판했다.

갈등의 초점

쇠고기 수입 논란과 관련해 방송사들은 한국 정부와 미국 정부 간의 갈등 문제를 가장 부각시키며 보도한 것으로 드러났다.[91] 〈표 A-1〉을 통해 우리는 미국산 쇠고기 수입 논란을 한국과 미국의 외교 문제 또는 자주 내지는 민족적 자존심 문제로 방송사들이 해석한 경향이 있음을 유추할 수 있다. 우리에게 잠재되어 있는 외세에 대한 피해의식과 선진국에 대한 열등감을 의도적으로 자극한 것이다. 이는 또한 80년대 이후 민족 문제를 기본 모순으로 삼고 사회적 운동을 해왔던

〈표 A-1〉 미국산 쇠고기 수입과 촛불집회 보도의 갈등 당사자

갈등 당사자	매체 (건, %)			합계
	KBS	MBC	SBS	
여당 / 야당	33(10.4)	51(15.6)	41(13.4)	125(13.2)
촛불시위대 / 경찰	72(22.8)	43(13.2)	48(15.6)	163(17.2)
보수단체 / 진보단체	10(3.2)	4(1.2)	6(2.0)	20(2.1)
정부 / 진보단체	17(5.4)	38(11.7)	53(17.3)	108(11.4)
청와대 / 야당	13(4.1)	14(4.3)	16(5.2)	43(4.5)
한국 정부 / 미국 정부	102(32.3)	83(25.6)	64(20.8)	249(26.2)
상인 / 시위대(시민)	0(0)	2(0.6)	1(0.3)	3(0.3)
정부 / 시민(국민)	50(15.8)	37(11.3)	42(13.7)	129(13.6)
기타	19(6.0)	54(16.6)	36(11.7)	109(11.5)
합계	316(100)	326(100)	307(100)	949(100)

출처: 김경모(2008)

일정한 세력의 반미자주화 논리 또한 다분히 반영된 것으로도 해석된다.

주요 취재원

—

방송 3사 모두 촛불집회 참여 시민을 촛불집회 반대

〈표 A-2〉 미국산 쇠고기 수입과 촛불집회 보도의 방송사별 주요 취재원

주요 취재원	매 체 (건, %)			합계
	KBS	MBC	SBS	
촛불집회 참여 시민	57(9.0)	64(9.8)	38(7.4)	159(8.8)
촛불집회 반대 시민	1(0.2)	1(0.2)	1(0.2)	3(0.2)
청와대 관계자	35(5.5)	51(7.8)	24(4.7)	110(6.1)
행정부 관계자	109(17.2)	99(15.1)	82(16.0)	290(16.1)
천주교 관계자	1(0.2)	5(0.8)	2(0.4)	8(0.4)
불교 관계자	2(0.3)	2(0.3)	0(0.0)	4(0.2)
기독교 관계자	0(0)	1(0.2)	0(0.0)	1(0.2)
여당 관계자	63(10.0)	59(9.0)	61(11.9)	183(10.2)
야당 관계자	71(11.2)	99(15.1)	92(18.0)	262(14.6)
진보단체 관계자	46(7.3)	46(7.0)	43(8.4)	135(7.5)
보수단체 관계자	13(2.1)	7(1.1)	4(0.8)	24(1.3)
경찰(간부)	16(2.5)	14(2.1)	15(2.9)	45(2.5)
전경(부모)	3(0.5)	2(0.3)	1(0.2)	6(0.3)
전문가	63(10.0)	60(9.2)	45(8.8)	168(9.3)
재미교포	0(0)	0(0)	5(0)	5(0.3)
쇠고기 수입업자	18(2.8)	18(2.7)	20(3.9)	56(3.1)
쇠고기 요식업자	11(1.7)	12(1.8)	8(1.6)	31(1.7)
축산 농가	18(2.8)	16(2.4)	13(2.5)	47(2.6)
광화문 일대 상인	1(0.2)	4(0.6)	0(0.0)	5(0.3)
외신	1(0.2)	0(0)	1(0.2)	2(0.1)
시민 기자	2(0.3)	9(1.4)	5(1.0)	16(0.9)
일반시민·단체	45(7.1)	44(6.7)	21(4.1)	110(6.1)
미국 정부	28(4.4)	24(3.7)	22(4.3)	74(4.1)
기타	28(4.4)	18(2.7)	8(1.6)	54(3.0)
합계	632(100)	665(100)	511(100)	1,798(100)

출처: 김경모(2008)

시민보다 월등히 많이 취재원으로 활용했다. 또한 여당 관계자보다 야당 관계자 그리고 보수 성향보다는 진보 성향의 인사가 모든 방송사의 뉴스에서 주요 취재원으로 등장했다. 이것을 통해 방송 3사가 쇠고기 수입 반대 집단의 의견을 적극적으로 수용해 보도했다는 사실을 알 수 있다.

편성 프로그램의 주제

———

촛불집회 기간 중 이와 관련해 방영된 방송 3사의 프로그램은 주제와 내용 면에서 촛불시위 주최 측에 압도적으로 유리한 것으로 나타났다.[92] KBS는 정부 측에 유리한 프로그램이 7.1%, 촛불시위 측에 유리한 프로그램이 57.1%, 중립적인 경우가 35.7% 비율로 나타났다. SBS도 거의 비슷한 수치로 나타났다. 이와 비교해 MBC의 경우에는 정부 측에 유리한 프로그램이 단 한

<table>
〈표 A-3〉 주제 및 내용 전개의 편파성　　　　　　　　　　(단위: 건수, %)
</table>

주제의 편파성	KBS					MBC					SBS				
	5월	6월	7월	전체	%	5월	6월	7월	전체	%	4월	5월	6월	전체	%
정부 측 유리	0	1	0	1	7.1	0	0	0	0	0	0	1	0	1	5.6
촛불시위 측 유리	1	7	0	8	57.1	10	14	6	30	90.9	4	7	0	11	61.1
중립	1	1	3	5	35.7	1	0	2	3	9.1	2	3	1	6	33.3
전체	2	9	3	14	100	11	14	8	33	100	6	11	1	18	100

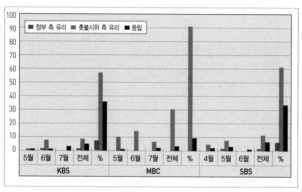

출처: 공정언론시민연대(2008)

건도 없었으며 90.9%가 촛불시위 측에 유리하게 편성

되었고 중립이 9.1%로 나타났다.

　공정언론시민연대[93]에 따르면 '이 기간 방송 3사는

사실 관계의 주장과 반론권을 존중하고 대중의 여론을 균형 있게 반영하는 것을 기본 덕목으로 하는 언론 본연의 역할에서 벗어나 있었음'을 알 수 있다.

이제 광우병 촛불집회의 전개에 있어서 인터넷이 한 역할을 보다 구체적으로 살펴보자.

광우병 국민대책회의

—

쇠고기 수입 반대 그룹은 인터넷 홈페이지를 근간으로 응집된 것으로 보인다. 대표적인 단체로는 '광우병 국민대책회의'가 있는데 촛불집회를 주도한 가장 큰 규모의 사이트로 알려졌었다. 여기에서 나오는 정보는 다음 아고라, 디시인사이드 등으로 퍼져나가 일반 네티즌들에게까지 쉽게 전파되었다. 광우병 국민대책회의는 '인간 광우병 차단을 위한 범국민연대(http://cafe.daum.net/antivCJD)'와 같은 사이트들과 유기적으로 연결되어 홈페이지에 배너를 달아 쉽게 이동할 수 있게 설계되었다. 촛불집회 기간 국민대책회의 홈페이지의 이용률은 한나라당이나 민주당 홈페이지보다 훨씬 월등한 접속 건수(트래픽 랭크와 페이지 뷰 기준)를 보였다.[94] 이 밖에도 한국진보연대, 전국 교직원 노동조합(http://www.eduhope. net/) 등의 단체들이 인터넷을 통해 촛불집회에 참여하고 주요 내용을 홍보했다.

다음 아고라

———

코리안클릭에 따르면 4월 마지막 주 다음 아고라의 순 방문자가 전주 대비 79.7%, 체류 시간은 408.8%나 늘어난 것으로 나타났다. 언론 비평 전문지인 〈미디어오늘〉[95]에 따르면, 실제로 다음 아고라는 '물만 마셔도 죽는다'는 등의 괴담의 온상으로 작용하기도 했지만 집회 행동 전략과 주의사항 등이 올라왔고 한겨레와 경향신문 등의 구독 권유 운동이 벌어지는 등 적극적인 여론 수렴의 공간으로 작용했다. 미국산 쇠고기가 보관돼 있는 냉동창고의 주소와 민주노총의 쇠고기 반출 저지 계획이 이곳에서 공개됐고 경찰의 강제 진압을 희화화해 '닭장차 투어'라는 말이 가장 먼저 나온 곳도 바로 이곳이다. 이른바 조·중·동에 대한 이슈 역시 5월 마지막 주 무렵부터 부쩍 늘어났다. 〈미디어오늘〉도 일부 이슈의 발원지가 됐지만 그보다 훨씬 많은 이슈들이 다음 아고라에서 촉발돼 확산됐다. 조·중·동 불매운동이 번지면서 조선일보, 중앙일보, 동아일보에 광고를 실은 기업 리스트가 인터넷에 올라오면 네티즌들은 해당 기업에 항의전화를 하거나 기업 홈페이지에 비난의 글을 올렸다. 촛불집회 현장에서 조·중·동에 대한 감정적 반발이 거세졌던 것도 이와 무관하지 않다.

정부 사이트

————

당시 농림수산식품부 홈페이지에는 한·미 쇠고기 수입 위생 조건 기술협의 페이지가 따로 마련되어 정부의 입장을 대변했다. 정부를 믿어 달라는 글과 함께 광우병 괴담에 대한 진실, 수입 쇠고기에 대한 올바른 지식들을 만화를 이용해 알렸지만 각 글의 조회수는 평균 300건이 넘지 않을 정도로 인지도가 낮았으며 특히 자주 묻는 질문의 조회수는 100건조차 넘지 않을 정도로 이용자가 적었다. 이미 알려진 사항의 나열 정도로 콘텐츠가 풍부하지 않았으며, 쇠고기 수입 반대 세력의 활동에 비해 적극적인 홍보가 이뤄지지 않고 있었음을 알 수 있다.

또한 보건복지가족부 사이트에서도 수입 쇠고기에 대한 질의응답 코너가 있었지만 형식적이고 이미 알려진 Q&A 나열 수준을 벗어나지 못했다. 정부는 쇠고기 수입 반대 시위 세력을 구성한 인터넷과 네티즌의 힘을 간과한 것으로 보인다. 인터넷을 통한 정보 확산의 정도와 범위를 정부만 미처 깨닫지 못하고 있었던 셈이다.

인터넷은 쌍방향 커뮤니케이션 체제, 익명성, 정보 전달의 용이성, 무한한 확장성 및 복제성 등으로 우리 사회의 여론을 형성하는 데 큰 역할을 담당하게 되었다. 광우병 촛불집회의 경우도 각종 포털 사이트 및 커뮤니티 등에서 관련 정보들이 집중적으로 생산 및 공유되고 유포되었다. 또 집회의 시작과 전개 전 과정에 걸쳐 인터넷은 시위에 있어서 본격적인 매개 역할을 담당했다. 효순·미선 두 중학생의 미군 장갑차에 의한 사망사고를 촛불집회로 이끈 일이나 그 후 한·미 FTA 협상 반대 대규모 집회에서 보듯이 인터넷은 우리 사회에서 주요 매체로 자리 잡게 되었고 광우병 촛불집회에서 그 사회적 영향력이 절정에 달했다.

부록 4

가장 신뢰받은
언론사는?

신문사

한국언론재단[96] 자료에 따르면 당시 진보적 성향을 가진 사람일수록 한겨레신문을 신뢰하고 보수적일수록 조선일보를 신뢰하는 것으로 나타났다. 또한 연령층이 높아질수록 조선일보를 선호하는 경향을 보였다.

　이는 전국 만 18세 이상 65세 미만의 성인남녀

〈표 A-4〉 가장 신뢰하는 신문사의 인구통계학적 특성

단위(%)	조선일보	동아일보	중앙일보	한겨레
전 체	5.2	3.1	2.8	1.6
29세 이하	2.9	2.8	2.4	1.9
30대	3.7	1.8	2.7	1.4
40대	6.3	3.8	3.3	2.1
50세 이상	8.1	4.1	2.7	0.9

단위(%)	조선일보	동아일보	중앙일보	한겨레
전 체	5.2	3.1	2.8	1.6
보수적	7.5	3.2	2.4	1.0
중도적	3.8	3.3	2.8	1.5
진보적	4.1	2.5	3.1	2.4

출처: 한국언론재단(2008)

5,000명을 조사대상자(유효 표본 5,104명)로 해서 신문과 방송뿐만 아니라 네이버와 다음 등 인터넷 매체까지도 모두 포함하는, 전체 매체를 상대로 이뤄진 결과다. 가구 방문을 통한 대인면접조사로 이뤄졌으며 조사 기간은 쇠고기 사태 발생 기간인 2008년 5월 3일부터 6월 9일까지다. 다음의 방송사의 경우도 같은 방법으로 이뤄진 결과다.

방송사

—

가장 신뢰하는 방송사로는 2008년 당시 KBS가 꼽혔으며 진보적일수록 MBC를 신뢰하는 경향을 보였다. 또한 연령층이 높아질수록 KBS를 더 신뢰하는 모습을 보였다.

〈그림 A-1〉 가장 신뢰하는 방송사의 인구통계학적 특성

단위(%)

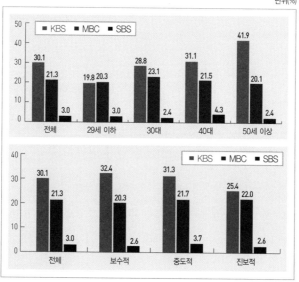

출처: 한국언론재단(2008)

아울러 가장 영향력 있는 매체는 KBS, MBC, 네이버, 다음, 조선일보, SBS, 동아일보, YTN, 중앙일보, 야후 등의 순으로 나타났다. 특히 학력이 낮을수록 방송의 영향력이 커지는 경향을 보였다.

주

1 광우병 파동의 연대기적 전개 과정은 〈부록 1〉 참고 바람

2 유수민(2008)은 영국 정부가 발행한 5,000쪽 분량의 광우병 백
서를 검토한 결과를 토대로 인간 광우병이 발생하기 위해서는
몇 가지 전제 조건이 충족되어야 한다고 밝혔다. 먼저 대량 오염
된 육골분 사료가 소를 먹이는 데 '오랫동안 광범위하게' 사용
되어야 한다. 둘째, 그런 광범위한 오염 사료의 장기간 사용으로
소와 인간 사이의 종간 장벽이 붕괴되어야 한다. 그런데 같은 종
간에는 광우병 전염이 쉬워도 다른 종간에는 어렵다. 셋째, 오랫
동안 병원체를 주거니 받거니 하면서 유전자 변이에 의해 생기
는 특정 유전자 스트레인(물체가 외부의 힘을 받았을 때 생기는
형태와 부피의 변화)이 출현해야 한다. 넷째, 인간이 광우병 소
의 특정 위험 물질(SRM)을 섭취해야 한다. 다섯째, 인종적 감수
성이 아니라 개인적 감수성이 광우병에 취약해야 한다. 이 모든
조건이 교집합으로 함께 충족되어야만 인간 광우병이 비로소 발
생할 가능성이 있다. 이러한 요건을 모두 갖춘 국가는 영국뿐으
로 일본과 캐나다에서 발생한 인간 광우병 환자는 모두 영국에
서 성장하거나 영국에서 일정기간 체류했던 것으로 밝혀졌다.

이 부분에 대한 설명은 문정환(2009)을 재인용했다.

3 Lowenstein et al.(2001)

4 MBC 〈PD수첩〉 보도 3년 뒤인 2011년 9월 2일 이 보도에 대한
2개의 대법원 판결이 선고됐다. 대법원 2부는 광우병 보도를 통
해 정운천 전 농림수산식품부 장관의 명예를 훼손하고 업무를
방해한 혐의로 기소된 조능희 PD 등 5명에 대한 형사 상고심에
서 보도 내용 가운데 3가지 대목이 허위사실이라고 인정하면서
도 무죄를 선고한 원심(2심)을 확정했다. 같은 날 대법원 전원합
의체도 〈PD수첩〉의 정정·반론보도 책임을 따진 민사 상고심
에서 당초 5가지 대목에 대해 정정·반론보도를 하라고 했던 2
심을 깨고, 3가지만 정정보도하라며 사건을 서울고법으로 돌려
보냈다. 허위사실이 확정된 대목은 ① '다우너 소(주저앉은 소)'
의 광우병 위험, ②미국 여성 아레사 빈슨의 사인, ③한국인이
인간 광우병에 걸릴 확률에 관한 보도다. 〈PD수첩〉은 2008년 4
월 말 광우병 보도에서 미국의 도축장 인부들이 주저앉은 소를
억지로 일으키는 동영상을 방영한 뒤, 진행자인 송일준 PD가
"아까 그 광우병 걸린 소 도축되기 전 모습도 충격적"이라고 말
해 주저앉은 소가 광우병 걸린 소인 것처럼 말했다. 이 부분은
〈PD수첩〉 스스로 정정보도를 했다. 〈PD수첩〉은 크로이펠트 야
곱병이라는 희귀병으로 사망한 미국 여성 아레사 빈슨 씨의 모
친을 인터뷰하면서 사인(死因)이 인간 광우병인 것처럼 보도했
고, 이 역시 후속 보도에서 정정했다. 대법원은 두 가지 모두
'허위사실 적시'라고 판단하면서, 이미 정정보도가 이뤄졌기 때

문에 다시 정정할 필요는 없다고 밝혔다. 대법원은 그러나 〈PD 수첩〉이 과학적인 근거도 없이 '한국인이 광우병 걸린 쇠고기를 먹을 경우 인간 광우병이 발병할 확률이 94%나 된다' 고 보도한 부분은 허위사실 적시에 대한 정정이 부족했다며 다시 정정보도 하라고 밝혔다. 〈PD수첩〉은 이 부분에 대해서도 2008년 7월 '부정확한 표현' 이었다는 보도를 내보냈으나, 대법원은 "진실 에 반(反)하는 보도로 인한 객관적인 피해 상태가 회복될 정도가 아니었다"고 밝혔다. (조선일보, 2011)

5 대니얼 카너먼(2012, 201~208쪽)

6 Lowenstein et al.(2001)

7 Viscusi, K. & Magat, W.(1987)

8 김홍신(2008)

9 홍성기 외(2009)

10 유의선 외(2009)

11 MacCrimmon & Wehrung(1988)

12 유의선 외(2009)

13 이영애(2005)

14 대니얼 카너먼(2012)

15 문정환(2009)

16 위의 자료

17 예를 들어 홍승권(서울의대 의료정보센터 교수)이 2007년 4월 2 일 한겨레신문에 실은 '국민 생명권과 맞바꾼 한-미 FTA' 라는 제목의 기고는 전자의 입장에 서 있다. 그는 이 글에서 "참여정

부는 국민의 생명권을 내팽개쳤다. 위험할 수도 있고 위험하지 않을 수도 있는 것을 먹을 수 있는 음식물로 결정하는 것은 위험 천만한 일"이라고 주장했다. 척추 뼈나 내장은 광우병을 일으키는 '소해면상뇌증 병원체'가 축적되기 쉬운, 이른바 특정 위험 부위란 이유에서였다. 이 밖에도 한 토론회에서 우희종(서울대 수의대 교수)은 "…괴담을 퍼뜨리고 있는 것은 정부"라고 말했으며 정해관(성균관대 의대 예방의학과 교수)은 "…우리는 지금 사랑스런 후손들에게 광우병을 남기는 우를 범하고 있는 건 아닌가"라고 되물었는데 모두 광우병의 위험을 강조한 발언들이었다. (경향닷컴, 2008년 5월 19일)

18 대니얼 카너먼(2012, 207쪽)

19 홍성기 외(2009)

20 김경모(2008)

21 홍성기 외(2009)

22 "한 집단 내에서 입장의 공유뿐만이 아니라 문화 심지어 비만 현상까지도 전염병처럼 퍼져 논리적으로 설명할 수 없는 일종의 유행을 만들기도 한다". (리처드 탈러, 캐스 선스타인, 2009, 55쪽)

23 광우병 국민대책회의 주요 참여 단체 관련 내용은 〈부록 2〉 참고 바람

24 http://cafe.daum.net/antimb

25 http://cafe.naver.com/2mbanti.cafe

26 http://club.cyworld.com/club/main/club_main.asp

27 이현우(2009)

28 홍성기 외(2009)

29 Byrnes, J. P. et al.(1999), Lowenstein et al.(2001) 등에서 재인용

30 Hersch(1997), Lowenstein et al.(2001) 등에서 재인용

31 George(1999), Lowenstein et al.(2001) 등에서 재인용

32 캐스 선스타인(2015)

33 위의 책

34 Choi(2012)

35 Alhakami, A. S. & Slovic, P.(1994)

36 리처드 탈러, 캐스 선스타인(2009, 61~62쪽)

37 Krugman et al.(2015)

38 소속 단체와 활동은 〈부록 2〉 참고 바람

39 언론 보도 경향 및 인터넷 사이트는 〈부록 3〉 참고 바람

40 이준한(2009)

41 김경모(2008)

42 미디어오늘(2008)

43 윤성이(2008)는 광우병 촛불집회에 참가한 청소년들의 특성을
세 가지로 정리했다. 첫째, 비정치 집단으로 분류되었던 10대들
의 정치 관심도와 활동 수준이 의외로 매우 높았다. 둘째, 10대
들의 촛불집회 참여 배경에는 인터넷과 휴대폰으로 대표되는
IT와 또래집단의 영향이 가장 컸다. 셋째, 남학생에 비해 여학생
들의 관심도가 더 높았으며 그 배경에는 여학생들이 일일 평균
66.4회 문자메시지를 통해 소통하는 반면 남학생은 55.5회로 뒤
처지고 인터넷 게임에 더 큰 관심을 보이는 등 인터넷 이용 행태

에 있어서 남녀 간 차이가 있었다.

44 디시인사이드(DCinside)는 1999년 개설된 전자 게시판 웹사이트다. 철저한 익명제 사이트로 운영되었으며 특유의 익명성이 자유로운 토론의 장을 연다는 장점이 있지만, 익명성을 바탕으로 상대방을 비난하거나 허위 정보를 유포하는 등 문제점도 제기되었다. 이에 2007년 7월부터 실명 인증을 받아야 사이트를 이용할 수 있는 제한적 본인확인제가 시행되었다.

45 아프리카TV는 인터넷 개인 방송 서비스다. 방송 및 시청 전용 프로그램과 채널 목록, 채팅 기능 등이 제공된다.

46 라디오21은 지난 2002년 제17대 대통령 선거 운동 방송으로 시작, 라디오 운동을 사회의 전 분야에 걸친 개혁의 동력으로 쓰자는 일부 인사들의 의지를 모아 2003년 정식 개국했다.

47 이 부분의 수치와 분석 내용은 미디어오늘(2008)에 기초하고 있다.

48 윤성이(2008)

49 초기 집회에서는 다양한 사람들이 참석했지만 시간이 지날수록 '반복 참가자'들만 남게 되었다(이현우, 2009). 하지만 자발적으로 참여했다는 많은 시위 참가자들, 특히 중고생들의 대다수는 인터넷(51%)에서 정보를 얻었고 '미국산 쇠고기가 건강을 위협'하고 '이대통령 퇴진을 위해' 시위에 참가하게 되었다고 답했다. (서울신문, 2008)

50 조경엽 외(2008)

51 홍성태(2008), 이준한(2009), 조기숙·박혜윤(2008), 최장집(2008), 김호기(2008)

52 이갑윤(2010)

53 한종우(Han, 2009)는 2002년 노무현 당선을 위한 대선캠페인 세력을 분석하고 이들과 2008년 광우병 촛불집회의 연관성 규명에 노력하고 있다. 이갑윤(2010)은 촛불집회가 거의 끝난 시점에서 전 국민을 대상으로 설문조사를 실시했고 이에 기초해 단계별 회귀분석 방법론을 채택하고 있다.

54 Han(2009)

55 이병천(2008)은 2008년 6월 중순 국면에서 쇠고기 촛불집회를 이명박 정권퇴진 운동으로 몰고 가기에는 초기 촛불집회 참여자들이 '무지개 연합'이라 할 정도로 복합적이고 정권 퇴진 운동이 자칫 촛불을 약화시킬 수 있다는 이유로 오히려 저항의 수위를 낮춰 정권에 고삐를 죄는 것이 전략적으로 유효하다는 주장을 펼쳤다.

56 홍성구(2009)는 숙의민주주의와 공화주의를 중심으로 촛불집회를 해석하고 있다. 그에 따르면 숙의민주주의의 입장에서 촛불집회는 정당체제의 개혁뿐 아니라 공론 영역의 내적 결함을 치유할 수 있는 성숙한 시민의식을 요청하고 있으며 공화주의는 촛불을 매개로 형성된 공론 영역의 의미를 새롭게 성찰하는 데 충분한 근거를 제공하는 것은 사실이지만, 민주주의의 대안 모색에 꼭 적합한 것이 아니라는 점을 강조하고 있다.

57 앞서 언급한 광우병 관련 MBC 〈PD수첩〉의 책임PD인 조능희 CP는 2002년 '미군 장갑차에 의한 효순·미선 양 사망사건'을 취재한 PD였다. 진보 언론의 부상은 한국에서만 관찰할 수 있

는 이례적인 현상으로 보기는 어렵다. 미국의 경우도 공중파 FOX 채널을 제외하고는 대부분이 진보적 성향을 보이고 있다. 종이 신문의 경우도 마찬가지다. 다만 트럼프의 경우 트위터를 포함한 SNS에 적극적이었고 이를 통해 지지자들을 효과적으로 움직였다. 전국적으로 다수의 시청자를 확보한 극우 성향의 각종 라디오 토크쇼가 트럼프의 집권을 도운 측면도 부인하기 어렵다.

58 'FTA 재협상? 미국에 한국이 만든 일자리 계속 강조하라', 중앙일보, 2017년 3월 16일자

59 Putnam R.D.(1988)

60 한국의 대내 협상에는 정책적인 요소도 함께 고려해야 한다. 예를 들어 무역조정지원제도와 FTA 국내대책국의 활동 및 통상절차법의 운영을 들 수 있다. (Kim et al., 2016)

61 통상교섭본부는 '한·미 FTA 재협상은 결코 없다'는 점을 누누이 강조해왔다. 협상에 유리한 국면을 선점하기 위해 전략적으로 취해진 조치로 해석할 수도 있겠지만 2010년 12월 재협상 국면에서 한국 협상단이 실제 보여준 행태는 한·미 FTA 이행의 중요성과 그 당위성에도 불구하고 다분히 굴욕적이었다는 평가를 면하기는 어려울 것으로 판단된다. 물론 이는 원래 타결된 한·미 FTA 협상이 우리 협상단의 노력에 의해 우리 측에 유리하게 이뤄졌다는 점을 역설적으로 반증하는 것이기도 하다. 한·미 FTA와 한·EU FTA는 국익을 위해 조기에 비준되는 것이 타당하며 이를 계속 지연하는 경우 엄청난 비용이 발생하는

것이 사실이지만, 한·미 FTA 재협상의 경우 이익의 재균형과 협상 시기의 적절성 그리고 협상을 둘러싼 정부 입장의 일관성 등의 기준으로 판단할 때 최선의 선택으로 보기는 어렵다.

62 캐나다는 2009년 4월 9일 한국 정부가 캐나다산 쇠고기 수입을 금지하고 있을 뿐만 아니라 지난 5년간 광우병 발생 국가에 대해 30개월 이상 쇠고기 수입을 금지하고 있으며, 특히 국회 심의를 거쳐야만 수입 금지를 해제할 수 있게 했고 캐나다에서 추가적인 광우병이 발생하면 캐나다산 쇠고기 수입을 무기한 금지할 수 있게 한 점과 캐나다를 다른 나라에 비해 차별하고 있다는 점 등을 들어 WTO에 한국 정부를 제소했다. 아르헨티나, 브라질, 인도, 중국, 유럽연합, 일본, 대만, 미국 등 8개국이 제3자국 자격으로 분쟁 해결 절차에 참여하는 권리를 부여받았다. 한국 정부는 결국 한·캐나다 양자협의를 통해 쇠고기 협상을 타결했다. 이와는 별개로 한국 정부는 지난 2013년 9월 6일 후쿠시마 주변 8개 현의 모든 수산물에 대한 수입을 잠정적으로 금지 조치했다. 이에 일본은 한국을 WTO에 제소했다. 한국 정부가 수산물 방사능 위험 평가에 대한 충분한 증거물을 확보하지 못하고 있다는 평가가 우세한 가운데 한국 정부는 2017년 여름으로 예정된 WTO 판결에서 우리가 패소당하는 것이 오히려 사태 해결에 도움이 된다는 '정무적 판단'을 내세우고 있다. 캐나다산 쇠고기 또는 일본 후쿠시마 인근 수산물의 위험성을 정부는 공개적으로 입증할 수 없으면서도 '국민 정서법'을 앞세워 여론을 지나치게 의식하는 행태를 보이고 있다. 적극적인 대내 협상

의 의지는 실종되었다. 모두 광우병 파동의 후유증으로 보인다.

63 물론 미국의 경우 한국과의 협상 결과에 기초해 일본과 대만 정부를 압박하겠다는 의도가 있었기 때문에 우리 측의 이 같은 요구에 강한 거부감을 가지고 협상에 임한 것도 사실이다.

64 광우병 관련 국가의 안전등급은 세 가지인데 최하위인 광우병 '위험미결정국'은 정부가 충분한 샘플과 증거를 확보하지 않아 광우병이 있는지 없는지도 모르는 상태를 말한다. 당시 한국이 여기에 속했다. 그 위의 상위 등급은 '위험통제국'인데 당시 미국이 여기에 포함된다. 즉 광우병이 발생해도 정부가 통제할 능력을 갖춘 나라라는 의미다. 최상위 등급은 광우병 '위험경미국'이다. 이는 광우병 자체가 무시할 수준에 이르렀다는 의미로 미국의 경우 2013년 광우병 '위험통제국'에서 '위험경미국'으로 상향 조정되었다. OIE는 2013년 미국과 일본, 네덜란드와 이탈리아, 또 이스라엘과 슬로베니아 등 6개국을 광우병 '위험통제국'에서 '위험경미국'으로 변경했다고 밝혔다. 불가리아와 코스타리카는 '위험미결정국'에서 '위험통제국'으로 변경되었다.

65 참고로 두 차례에 걸친 한·미 전문가 기술협의는 수입 위생검역 조건을 개정하기 위한 농식품부 주관의 기술협의였다. 또 1·2차 추가 협상은 양국의 통상장관 사이의 협의 및 회담으로서 통상교섭본부 주관으로 이뤄진 통상 협상이었다.

66 이명박 정부의 외교적인 성과로는 주요 FTA 체결 또는 개시 외에도 2009년 OECD 개발원조위원회(DAC) 가입, 2010년 G20 정상회의, 2012년 핵안보 정상회의 개최 등을 꼽을 수 있다.

67 산업통상자원부는 2013년 박근혜 정부 출범과 함께 정부 조직 개편으로 통상 교섭에 관한 전권을 외교부로부터 이양받으면서 '산업과 통상의 시너지 극대화', '효과적인 피해 산업 보상 대책 마련', '무역구제 확대를 위한 무역위원회 조직 확대', '메가 FTA 시대 TPP와 RCEP(역내 포괄적 경제동반자협정)의 핵심 연계고리 역할' 등을 실행 목표로 내세웠다. 이명박 정부 하에서 박근혜 당시 국회의원은 주요 FTA에 대한 찬성 또는 반대 의사는 유보한 채 피해 산업에 대한 보상 대책을 강조해왔다. 특히 한·미 FTA에 대한 대규모 반대 시위나 광우병 파동을 거치면서 개방을 둘러싼 사회적 갈등의 심화에 큰 우려를 표했다. 박근혜 정부는 출범과 함께 산업통상자원부에 '개방에 따른 사회적 갈등의 최소화'를 주문했다.

68 이갑윤(2010), 이현우(Lee, 2009), 한종우(Han, 2009)에서 알 수 있듯이 촛불집회 참여자는 쇠고기 수입 협상의 문제점 그 자체보다는 이명박 정부의 일방적인 독주와 소통 부재 그리고 정책 실패에 대한 불만 때문에 거리에 나섰다.

69 Guardian(2008)

70 Congressional Research Service(2008)

71 최장집(2008)

72 피해는 시위로 인한 직·간접 피해에만 국한되는 것이 아니다. 광우병에 대한 잘못된 정보의 유통과 확산은 결국 그 후 국민들의 미국산 쇠고기에 대한 외면으로 이어졌고, 이는 다시 국내 수입 쇠고기 시장의 호주산 독점화를 초래했다. 2009년 말 기준

호주산은 국내 수입 쇠고기 시장의 60% 이상을 장악했으며 미국산과 캐나다산이 수입 금지된 2003년에서 2007년 사이 호주산 쇠고기의 대 한국 수출 가격은 62%나 상승했다. 이는 우리나라 쇠고기 수입 시장의 유효경쟁 부족 현상과 냉장 수입육에 대한 소비자의 수요 증가를 반영한 결과로 해석된다. 왜곡된 정보로 인해 우리 소비자는 더 많은 비용을 지불하면서 호주산, 뉴질랜드산 수입 쇠고기를 구매한 셈이다. 한우 시장, 특히 고품질 한우의 경우 수입 쇠고기와는 분리되어 영향을 받지 않는 차별화된 특성을 보이고 있으며 수입 쇠고기는 다른 나라의 수입 쇠고기 또는 국내 냉장 돼지고기와 경쟁을 하고 있는 것으로 분석되었다(ABARE, 2009). 그러나 시간이 가면서 미국산 쇠고기 수입은 다시 늘어나 2016년 10월에는 호주산을 제치고 수입 시장 1위를 탈환했다. 아울러 최근 각종 여론조사에서 미국산 쇠고기의 안전성에 문제가 없다고 생각하는 소비자의 비중이 50%를 넘은 것으로 나타나고 있다.

73 이갑윤(2010)

74 대니얼 카너먼(2012, 209쪽)

75 Lowenstein et al.(2001)

76 캐스 선스타인(2015)

77 Lowenstein et al.(2001)

78 Dean, Jodi(2009)

79 전상진(2014)

80 캐스 선스타인(2015)

81 위의 책, 61쪽

82 호메로스 저, 천병희 옮김(2006)

83 유의선 외(2009)

84 이 부분은 정부(검찰, 경찰 포함)와 시민사회단체, 언론, 인터넷 그리고 관련자의 증언 등에서 나온 각종 자료를 기초로 한 저자들의 분석에 따른 것이다.

85 초기에는 주로 비정치적인 육아와 요리 및 연예인 정보 사이트 등에서 빠르게 확산되었다. 대표적인 사이트로는 중·고생 회원 300만 명이 넘는 연예인 성형사진 사이트인 '엽혹진(엽기 혹은 진실)'과 정보 사이트인 '소울드레서', 미국 프로야구 사이트인 'MLB', 요리 사이트인 '82cook.com', '육아.com' 등을 들 수 있다. (서울신문, 2008)

86 '뉴미디어인 인터넷과 올드미디어인 TV 방송이 촛불에 기름을 부었으며 다시 촛불은 인터넷의 정치적 활용을 극대화시켰다'. 이준한(2009)

87 광우병 국민대책회의 발족자료집(2008. 5. 6) 참조

88 한상렬과 오종렬은 2005년 9월 11일 '미군강점 60년 청산 주한미군 청산 국민대회'를 개최해 '맥아더 동상 파괴집회'를 주도한 바 있음. 이후 한상렬은 2010년 6월 북한을 방문한 바 있다.

89 이준한(2009). 이준한은 촛불과 매스미디어(인터넷, 신문, 방송) 사이의 상호 연관성을 '쟁투정치(contentious politics)'라는 개념에 초점을 맞춰 분석하고 있다. 그는 조·중·동 세 신문의 지면이 촛불집회 기간 줄어든 점에 주목하면서 이는 광고 게재 거

부 운동의 직접적이고도 확인 가능한 영향 때문으로 파악했다.

90 당시 광우병 위험미결정국이었던 한국이 미국, 캐나다, 칠레, 브라질, 스위스, 대만 등과 같은 위험통제국이 되기 위해서는 위험평가 및 적절한 조치 시행(7~8년 미충족), Type A의 예찰 실시(7년 누적 30만 점 검사), 교육/신고 · 조사/검사 실시(7년 기간 미충족), 반추동물 유래 육골분 · 굳기름찌꺼기를 반추동물에 급여 금지(8년 기간 미충족) 등 상당기간에 걸친 광우병 검사와 예방을 위한 노력이 필요했다. 위험통제국이 호주나 뉴질랜드, 아르헨티나, 싱가포르, 우루과이 등과 같은 위험경미국이 되기 위해서는 위의 기간 기준을 충족하고 Type B 7년 누적 15만 점의 검사가 선행되어야 한다. 한국은 2010년 5월에야 광우병 위험통제국 지위를 부여받았다.

91 김경모(2008)

92 공정언론시민연대(2008)가 이 기간 방송 3사의 생활 교양 프로그램을 모니터한 결과에 기초한 것

93 공정언론시민연대(2008)

94 이준한(2009)

95 미디어오늘(2008)

96 한국언론재단(2008)

참고문헌

- 경향신문(2008), "PD수첩 고발 일파만파: 광우병 위험 사태보도 에 시청자 경악", 5월 1일자.
- 공정언론시민연대(2008), 《방송 3사 생활교양 아침 프로그램의 한ㆍ미 쇠고기 협상 관련 구성을 통해 본 편파방송 사례분석》.
- 기형도(1999), 《기형도 전집》, 문학과지성사.
- 김경모(2008), 《미국산 쇠고기 수입과 촛불집회 논란 관련 방송보 도 분석》.
- 김정기(2000), 《한국 신문의 보도특성에 대한 비판적 접근》, 민주 언론운동시민연합.
- 김호기(2008), "촛불집회, 거리의 정치, 제도의 정치", 긴급 시국 대 토론회(2008년 6월 16일), 촛불 집회와 한국 민주주의, 25~33쪽.
- 김홍신(2008), "국민 마음 제대로 읽는 정치가 그립다… 소설가 김홍신", 매일신문 5월 24일자.
- 농림수산식품부(2008), 〈미국산 쇠고기 협의 결과 및 국내 축산업 발전대책〉, 9월 1일자, 1~32쪽.
- 농림수산식품부ㆍ통상교섭본부ㆍ총리실(2008년), 〈미국산 쇠고 기 추가협상관련 Q & A.〉, 6월 23일자, 1~36쪽.

- 대니얼 카너먼(2012), 《생각에 관한 생각》, 김영사.

- 리처드 탈러 · 캐스 선스타인(2009), 《넛지》, 리더스북.

- 문정환(2009), "루만의 위험사회론으로 본 2008년 인간 광우병 (CJD) 파동", 한국 사회학회 2009 전기사회학대회 논문집, 2009. 6, 1,043~1,054쪽.

- 미디어오늘(2008), "분산화된 정보 채널, 네트워크 효과로 파괴력 배가", 6월 4일자.

- 민동석(2008), "쇠고기 협상 쟁점과 대책", FTA 교수연구회 배포 자료, 1~3쪽.

- 서울신문(2008), "촛불 100일(상, 중, 하)", 7월 29 · 31일, 8월 6 일자.

- 서울중앙지검(2009), 《수사백서: 미 쇠고기 수입반대 불법폭력 시 위사건》, 서울: 서울중앙지방검찰청.

- 신동아(2007), "인간 광우병, 국산 쇠고기도 안전지대 아니다!", 576호, 230~245쪽.

- 신동아(2008), "네티즌 여론, 대중의 지혜? 난폭한 포퓰리즘?" 587호, 162~176쪽.

- 연합뉴스(2008), "한 · 미 쇠고기 협상 타결," 4월 18일자.

- 외교통상부 · 농림수산식품부(2008), 《미국산 쇠고기 추가협상 결과》.

- 외교통상부(2008), "미 광우병 재발 시 '수입중단' 서한으로 명문 화"(한 · 미 쇠고기 수입위생조건 관련 추가협의 결과).

- 월간조선(2008), "내가 매국노인가?", 민동석, 11월호, 342~355쪽.

- 월드경제(2008), 김대의, "쇠고기 협상".

- 유의선 외(2009), 과학기술에 기반한 안전한 사회구축 방안, 과학기술정책연구원.

- 윤성이(2008), "인터넷 정치참여와 대의민주주의: 2008년 촛불집회를 중심으로", 국회입법조사처.

- 이병천(2008), "이명박 정부와 촛불 연대, 긴급 시국 대토론회(2008년 6월 16일), 촛불 집회와 한국 민주주의, 12~19쪽.

- 조경엽·송원근·정연호·김필헌(2008), 〈촛불시위의 사회적 비용〉, 정책연구 2008-04, 한국경제연구원

- 조기숙·박혜윤(2008), "광장의 정치와 문화적 충돌: 2008 촛불집회에 대한 경험적 분석", 〈한국정치학회보〉, 제42집 제4호, 243~268쪽.

- 조선일보(2008), "돌아본 2008, 미국산 쇠고기 파동", 12월 19~20일자.

- 조선일보(2011), "보도는 허위이나, 고의성은 없어 보여—大法, '〈PD수첩〉 광우병 보도' 명예훼손 무죄 이유 밝혀", 9월 3일자.

- 이갑윤(2010), "촛불집회 참여자의 인구·사회학적 특성 및 정치적 정향과 태도", 〈한국정당학회보〉, 제9권 제1호, 95~120쪽.

- 이영애(2005), "위험지각 연구의 최근 동향", 한국심리학회지: 실험, Vol. 17, No. 3.

- 이준한(2009), "촛불, 매스 미디어, 그리고 민주주의", 〈사회과학연구〉, 제17권 제1호, 264~290쪽.

- 전상진(2014), 《음모론의 시대》, 문학과지성사, 218쪽.

- 최병일 · 허윤 외(2007), 《한 · 미 자유무역협정(FTA) 평가》, 무역협회, 45~52쪽.

- 최장집(2008), "촛불집회와 한국 민주주의, 어떻게 볼 것인가", 긴급 시국 대토론회(2008년 6월 16일), 촛불 집회와 한국 민주주의, 3~7쪽.

- 최현철(2006), 《한 · 미 FTA 현황과 전망 및 언론 보도 비교 분석》, 삼성언론재단.

- 캐스 선스타인(2015), 《누가 진실을 말하는가》, 21세기북스.

- 코리안클릭 자료(2008).

- 한겨레21(2008), "촛불에 섞여 있는 내셔널리즘", 권혁범, 711호.

- 한국언론재단(2008), 《언론수용자 의식조사》.

- 한국인터넷진흥원(2016), 《인터넷이용실태조사》.

- 호메로스 저 · 천병희 옮김(2006), 《오뒷세이아》, 제12권 160~164절.

- 홍성구(2009), "촛불집회와 한국 사회의 공론영역: 숙의민주주의와 공화주의를 중심으로", 〈사이버커뮤니케이션학보〉, 통권 제26권 1호, 77~118쪽.

- 홍성기 외(2009), "광우병 촛불집회 추적보고서-거짓과 광기의 100일", 〈시대정신〉.

- 홍성태(2008), "촛불집회와 민주주의," 〈경제와 사회〉, 겨울호(통권 80호), 10~39쪽.

- ABARE(Australian Bureau of Agricultural and Resource Economics, 2009), *Korean Beef Market: developments and prospects*.

- Alhakami, A. S. & Slovic, P.(1994), "A psychological study of the inverse relationship between perceived risk and perceived benefits", Risk Analysis, 14, pp.1,085~1,096.

- Byrnes, J. P., Miller, D. C., & Schafer, W. D.(1999), "Gender differences in risk taking: A meta-analysis", *Psychological Bulletin*, 125, pp.367~383.

- Choi, Won-Mog(2012), "Mad-Cow Disease and the Politics of International Economic Law: Implications from Korean Experience", *Journal of Korea Trade*, Vol.16, No.1, pp.49~62.

- Congressional Research Service(2008), *US-South Korea Beef Dispute: Agreement and Status*, Nov. 25.

- Dean, Jodi(2009), *Democray and Other Neoliberal Fantasies, Communicative Capitalism and Left Politics*, Duke University Press, p.149.

- e축산 뉴스(2008), "한 · 미 쇠고기 협상 사실상 전면 개방", 4월 21일자.

- George, M. R.(1999, Spring/Summer), National Institute of Mental Health, Research described in Do Male and Female Brains Respond Differently to Severe Emotional Stress?: In a Flurry of New Research, Scientists are Finding Tantalizing Clues. Newsweek(Special Edition: What Every Woman Needs to Know), pp.68~71.

- Guardian(2008), "What's the beef in South Korea?", 7월 18일자.

- Han, Jongwoo(2009), "Korea's beef crisis: the Internat and democracy", *Australian Journal of International Affairs*, Vol. 63, No. 4, pp.505~528.

- Hersch, J.(1997), "Smoking, seat belts, and other risky consumer decisions: Differences by gender and race", Managerial and Decision Economics, 11, pp. 241~256.

- KBS 스페셜(2008), "얼굴 없는 공포: 광우병", 1월 29일자.

- KBS 스페셜(2008), "쇠고기 재협상은 불가능한가?", 6월 8일자.

- Kim, Jung Suk, Bomin Ko, Yoon Heo and Jee Hoon Lee, "Reshaping institutional arrangements for TPP ratification in Korea", *Journal of Korea Trade*, Vol.20, No.2, pp.167~185.

- Krugman, Paul R, Maurice Obstfeld and Marc J. Melitz(2015), *International Economics: Theory and Policy*, tenth edition, PEARSON: Global Edition.

- Lee, Hyun-Woo(2009), "Political Implications of Candle Light Protests in South Korea", *Korea Observer*, Vol.40, No.3, pp.495~526.

- Lowenstein, George F. et al.(2001), "Risk as Feelings", *Psychological Bulletin*, No.2.

- MacCrimmon & Wehrung(1988), *Taking Risk, The Management of Uncertainty*, The Free Press.

- Putnam R.D.(1988), "Diplomacy and domestic politics: the logic of 2-level gam", *International Organization*, Vol.42,

No.3, pp.427~460.

- Reuters(2008), "South Korean Internet catches 'mad cow madness'", 6월 14일자.

- SBS(2008), "쇠고기 수입 재협상 해야", 6월 2일자.

- Sunday Times(2008), "South Korean internet geeks trigger panic over US 'tainted beef' imports", 5월 9일자.

- Viscusi, K. & Magat, W.(1987), *Learning about Risk*, Cambridge, MA: Harvard University Press.

인터넷 자료

- 경향닷컴, "전문가 토론회, 광우병의 과학적 진실과 한국 사회의 대응방안", 2008년 5월 19일.

- 광우병 국민대책회의. http://www.antimadcow.org

- 농림수산식품부. http://web.mifaff.go.kr/usabeef

- 대한민국 미국산 쇠고기 수입협상 논란. http://ko.wikipedia.org

- 대한민국 정책포털. www.korea.kr/newsWeb

- 미디어오늘. www.mediatoday.co.kr

- 보건복지가족부. http://www.mw.go.kr

- 안티이명박. http://club.cyworld.com/club/main/club_main.asp

- 이명박 탄핵을 위한 네이버 탈환 카페. http://cafe.naver.com/2mbanti.cafe

- 인간 광우병 차단을 위한 범국민연대. http://cafe.daum.net/antivCJD
- 2008년 대한민국 촛불집회. http://ko.wikipedia.org
- 2MB 탄핵투쟁연대. http://cafe.daum.net/antimb

불균형 사회

제1판 1쇄 인쇄 | 2017년 6월 1일
제1판 1쇄 발행 | 2017년 6월 8일

지은이 | 허윤 · 이지훈
펴낸이 | 한경준
펴낸곳 | 한국경제신문 한경BP
편집주간 | 전준석
편집 | 박영경
교정교열 | 이근일
기획 | 유능한
저작권 | 백상아
홍보 | 남영란
마케팅 | 배한일 · 김규형
디자인 | 김홍신
본문디자인 | 디자인현

주소 | 서울특별시 중구 청파로 463
기획출판팀 | 02-3604-553~6
영업마케팅팀 | 02-3604-595, 583 FAX | 02-3604-599
H | http://bp.hankyung.com   E | bp@hankyung.com
T | @hankbp   F | www.facebook.com/hankyungbp
등록 | 제 2-315(1967. 5. 15)

ISBN 978-89-475-4210-4   93320